Julia Labacher

Heilsteine

50 Steine und ihre therapeutische Anwendung für Körper und Seele

LUDWIG

Inhalt

Steine bergen in sich die Energie von Jahrtausenden und können körperliche, aber auch seelische Blockaden lösen.

Das Geheimnis heilender Steine

Steine in unserem Leben

Schon als Kleinkinder sind wir von Steinen fasziniert, und wenn es sich dabei nur um Kiesel auf einem Parkweg handelt. Später wollen wir auffällig geformte Steine, die wir an Flüssen oder am Meer gefunden haben, unbedingt mit nach Hause nehmen. Und bei Mädchen beginnt die Verzauberung durch Schmucksteine schon sehr früh. Es kommt nicht von ungefähr, dass wir uns immer wieder – und der eine oder andere sehr intensiv – mit Steinen beschäftigen, sie schön finden und uns an ihnen erfreuen.

Steine sind ein Teil der Natur, auch wenn dies aufgrund ihrer »Leblosigkeit« und Härte kaum vorstellbar ist. Verschiedene wissenschaftliche Disziplinen beschäftigen sich mit den Steinen. Die Geologen erforschen ihre Entstehung, die Mineralogen ihre Beschaffenheit und ihren möglichen Nutzen für den Menschen. Gemmologen widmen sich der Edelsteinkunde. Über die therapeutischen und spirituellen Anwendungen einzelner Steine wissen die Lithotherapeuten (auf deutsch: Steinheiler) Bescheid.

Wie Steine entstehen

Viele Menschen glauben, dass die als flüssiger Feuerball entstandene Erdkugel seit Jahrmillionen eine relativ feste Form angenommen hat, und dass sie nur noch gelegentlich an besonders kritischen Stellen bei einem Vulkanausbruch ihr Inneres nach außen schleudert. Tatsächlich ist es so, dass sich die Erde immer noch im Prozess der Abkühlung befindet. Sie bestand zunächst ganz aus glühendem Magma, das an der Oberfläche mittlerweile jedoch erhärtet ist. Diese äußere Erdkruste ist Schätzungen zufolge einige Kilometer dick. Selbst die modernsten Messgeräte dringen jedoch bisher nur in Tiefen von maximal 1500 Meter vor.

Letzlich bildet die Erdkruste aber nur eine dünne Schale und steht in demselben Verhältnis zum glühenden Inneren wie die Schale eines Apfels zum Fruchtfleisch. Dieser große magmatische Kern der Erde ist noch immer flüssig und in steter Bewegung. Und aus dem energiereichen Magma bilden sich die verschiedenen uns bekannten Steine.

Gestein und Mineralien

Magma ist eine mehrere tausend Grad Celsius heiße Gesteinsschmelze. Alle darin enthaltenen Substanzen liegen in flüssiger

Form vor. Die Abkühlung kann nun abhängig von der Zusammensetzung entweder so erfolgen, dass die gesamte Masse verfestigt wird – dann spricht man von Gestein, da es sich um eine Mischung aus verschiedenen Stoffen handelt. Oder es kristallisieren sich beim Abkühlungsprozess einige kleinere Substanzverbindungen heraus. In diesem Fall spricht man von einem Mineral, das aus wenigen, zumindest aber aus zwei chemischen Elementen besteht. Von Bedeutung bei der Entstehung einzelner Kristalle ist außerdem der Zeitfaktor.

Magmatite

Bilden sich Gesteine und Mineralien direkt aus dem flüssigen Magma, nennt man sie Magmatite oder Primärgestein. Ihrem Entstehungsort entsprechend werden sie weiter in Vulkanite und Plutonite unterschieden. Vulkanite bilden sich, wenn flüssiges Magma an die Erdoberfläche tritt. Plutonite sind Mineralien, die sich tief im Erdinneren bilden. Ihr Name leitet sich von Pluto ab, der zunächst der griechische Gott des Reichtums war, den die Erde hervorbringt. Später wurde er mit Hades, dem Gott der Unterwelt, gleichgesetzt.

In beiden Fällen kühlt magmatische Flüssigkeit ab und erstarrt zu Kristallen – diese Art der Gesteinsbildung bezeichnet man als primäres Bildungsprinzip.

Sekundärmineralien

Der feste Erdmantel ist in seiner Erscheinung auch äußeren Einflüssen ausgesetzt. Berge werden abgetragen, Flussläufe versanden. Die Einwirkung von Wind und Regen lässt scharfkantige Felsen im Lauf der Jahrhunderte rund werden. Das abgetragene Material wird an anderer Stelle wieder angehäuft. Dieser Vorgang heißt Sedimentation. Überall dort, wo Gesteine der Erdoberfläche nahe sind, dringen Wasser und Luft durch Risse und Spalten in sie ein. Durch ihre Einwirkung beginnt sich das Gestein langsam aufzulösen und setzt Mineralstoffe frei, die in anderer Formation wieder Spalten füllen. Sekundärmineralien entstehen also durch Verwitterung und Ablagerung.

Tertiäre Entstehungsweise

Die bereits gefalteten Massen der erkalteten Erdkruste, d.h. unsere Gebirge, bleiben von der Bewegung des flüssig heißen Magmas im Erdinnern nicht unbeeinflusst. Unter großem Druck werden die verschiedenen Schollen der Erdkruste weiterhin übereinander geschoben und gequetscht. Dabei beginnen bereits bestehende Gesteine, sich umzustrukturieren und in ihren Grenzschichten völlig neue, so genannte Tertiärmineralien zu bilden.

Die Farben der Steine

Was uns ganz besonders zu Steinen hinzieht, sind ihre Farben und Formen. Ein Edelstein wie z.B. der Topas existiert in ganz unterschiedlichen Farben. Dies ergibt sich, wenn einem Mineral bei gleicher chemischer Grundstruktur verschiedene andere Elemente wie z.B. Chrom, Eisen, Mangan oder Titan beigemengt sind. Winzige Risse im Stein brechen das Licht und erzeugen farbige Reflexe wie z.B. bei Opalen. Feine Einschlüsse von Gasen erzeugen ein Schimmern unter der Oberfläche, wie es beim Obsidian der Fall ist. Eingelagertes Wasser lässt Steine funkeln.

Form und Härte

Die Naturformen der Steine sind durch die jeweilige Kristallstruktur vorgegeben. Jeder Stein lässt sich einem der sieben chemischen Kristallsysteme zuordnen: hexagonal, kubisch, monoklin, rhombisch, tetragonal, trigonal, triklin. Es gibt auch Edelsteine, die kein Kristallsystem ausbilden, sondern amorph, d.h. gestaltlos, sind (z.B. Bernsteine).
Die Härte eines Kristalls wird seit ca. 200 Jahren mit Hilfe der Mohsschen Ritzhärteskala bestimmt. Friedrich Mohs war Professor für Mineralogie in Graz.

Härte	Prüfung	Steine
1	Leicht mit dem Fingernagel zu ritzen	Gips, Talk
2	Noch mit dem Fingernagel zu ritzen	Gips, Steinsalz
3	Mit einem Messer zu ritzen	Kalzit
4	Mit einer Glaskante zu ritzen	Fluorit
5	Noch mit einem Glas oder Messer zu ritzen	Magnetit
6	Mit einer Stahlfeile zu ritzen	Opal
7	Kann selbst Glas ritzen	Quarz
8	Kann selbst Quarz und Glas ritzen	Topas
9	Wird vom Diamanten geritzt	Korund
10	Nicht ritzbar	Diamant

Form und Heilwirkung

Da Steine neben ihren heilenden Eigenschaften auch einen ästhetischen Reiz besitzen, werden die Rohsteine seit jeher auch gern zu Schmuckstücken verarbeitet.

Der Rohstein

Unbearbeitete und lediglich aus dem gewachsenen Gestein herausgebrochene Rohsteine zeigen das Mineral in seiner ursprünglichen Form. Rohsteine werden vor allem zum Auflegen benutzt, da sie noch ihre ganze Energie besitzen. Wenn Kristalle in kleinen Löchern oder Höhlen im Gestein wachsen, so nennt man diese Formen auch Drusen. Die Kristalle sind meist auf die Mitte des begrenzten Raums hin orientiert. Weil sich dort die Energie konzentriert, sind Drusen gut geeignet, um andere Edelsteine aufzuladen. Daneben gibt es natürlich gewachsene Kristallgruppen, deren Spitzen in verschiedene Richtungen zeigen. Ihre breit gestreute Energie kann das Umfeld harmonisieren.

Trommelsteine

Rohsteine werden mit Sand und Wasser in einer Trommel bewegt, bis sie keine Kanten mehr aufweisen. Dies ergibt rundliche, an der Oberfläche glatte Steine, die manchmal noch ihre ursprüngliche Form erahnen lassen. Trommelsteine verwendet man als Handschmeichler oder als dekoratives Objekt.

Schmucksteine

Edelsteinschleifer verarbeiten rohe Steine zu Schmucksteinen. Dabei können sie ihnen durch eine Fülle von Schliffarten ein zusätzliches Glitzern entlocken. Ein Diamant beispielsweise wird erst durch einen speziellen Schliff zum begehrten Brillanten. Neben verschiedenen Facettenschliffen gibt es den mugelig wirkenden Cabochonschliff. Edelsteine beeinflussen sich in ihrer Wirkung gegenseitig, man sollte deshalb auf die richtige Zusammenstellung im Schmuckstück achten. Gold erhöht die Energie aller Edelsteine, Silber wirkt besonders positiv auf Koralle und Türkis.

Steine in der Überlieferung

Seit frühester Zeit wurden Edelsteine als heilig verehrt und zum Schutz vor negativen Einflüssen getragen. In der Antike und im Mittelalter gab es eine Reihe von Edelsteinbüchern, die man im Umgang mit den als göttlich erachteten Mineralien zurate zog. Kenntnisse über die Kraft der Edelsteine waren weit verbreitet und gehörten zum Volkswissen.

Eine der mittelalterlichen Heilerinnen, deren naturheilkundliches Wissen in den letzten Jahren wieder entdeckt wurde, ist Hildegard von Bingen (1098–1179). In ihrem umfassenden Werk »Physica« von 1154 beschreibt sie u. a. die Entstehung von zwölf Edelsteinen und erläutert die Möglichkeiten ihrer Anwendung.

Neue Erkenntnisse

Im 20. Jahrhundert wurden die Edelsteine einer stärker naturwissenschaftlich orientierten Betrachtung unterzogen. Heilsteine wirken aufgrund von Farben und Schwingungen. Die psychologische Wirkung von Farben wird in heutigen Farbtherapien auf vielfältige Weise genutzt. Dabei handelt es sich um einen neuen Zugang zu den verschiedenen Farbenlehren, die es bereits in der Antike gab. Heute weiß man, dass Farben bestimmte chemische Reaktionen auslösen, die körperlich, aber auch geistig und seelisch zum Ausdruck kommen. Und jede Reaktion ist »Arbeit« im physikalischen Sinn und verbraucht Energie. Wir müssen deshalb darauf achten, unserem Körper nicht durch ständige Belastung zu viel Energie zu entziehen, und wir sollten ihn zum Ausgleich immer wieder mit neuer Energie versorgen. Mit Hilfe von Farben können Sie Ihr persönliches Energiegleichgewicht wieder herstellen und negative Energien ausgleichen.

Alles ist in Bewegung

Es ist kaum zu glauben, aber die Wissenschaft hat es bewiesen: Auch ein Stein, der Inbegriff des Festen und Harten, ist in sich in Bewegung. Wie alle Materie bestehen auch Steine aus kleinsten Teilchen, den Atomen, die sich nach einem vorgegebenen Schema ständig hin- und herbewegen. Das Schwingen der Atome erzeugt Energie, die auf uns Menschen, die wir ebenfalls aus schwingenden Teilchen bestehen, Einfluss hat. Und natürlich ist diese minimale Schwingung von Steinart zu Steinart verschieden, ebenso von Farbe zu Farbe. Diese energetischen Schwingungen zwischen Mensch, Steinen und allen anderen uns umgebenden Körpern führen dazu, dass wir uns in bestimmten Umgebungen sehr wohl und in anderen eher unbehaglich fühlen.

Ganzheitliche Heilmethoden

Bei einem gesunden Menschen ist ein reibungsloses und harmonisches Funktionieren aller Organe gegeben. Ein unbeeinträchtigter Stoffwechsel versorgt Nerven und Organe mit lebensnotwendigen Stoffen. Blut und Zellen wer-

Die Edelsteintherapie der heiligen Hildegard von Bingen ist 900 Jahre alt und besitzt auch heute noch Gültigkeit.

den regelmäßig erneuert. Treten Krankheiten oder Beschwerden auf, so ist das optimale Zusammenspiel gestört.

Die alternative Medizin betrachtet den Menschen hierbei als Ganzes und kümmert sich nicht nur um ein einzelnes Organ, das zeitweilig nicht richtig funktioniert. Bei dieser ganzheitlichen Betrachtungsweise wird versucht, das Gleichgewicht des Organismus wieder herzustellen und nicht nur das erkrankte Organ mit Arzneien zu versorgen. Es muss wieder zu einer guten Versorgung aller Zellen im Körper kommen. Hierbei spielen ungehinderte Energieströme eine große Rolle. Krankheiten werden in diesem Sinn auch als Blockaden dieser Ströme angesehen. Es gilt, diese zu lösen und zu beseitigen.

So heilen Steine

Um uns gesund und ausgewogen zu ernähren, müssen wir auch genügend Mineralien und Spurenelemente zu uns nehmen.

Steine bestehen aus Mineralien und liefern diese für uns lebensnotwendigen Stoffe in der Reinform. Und obwohl sie einerseits im Stein sehr fest gebunden sind, so lassen sie sich trotzdem daraus lösen und führen dann dem Körper – z. B. in Form von Edelsteinwasser oder Steinpulver – die notwendigen Mineralien zu.

Eine Steinbehandlung wirkt nicht wie eine Kopfschmerztablette nach einmaliger Anwendung. Für die erfolgreiche Behandlung mit Steinen braucht man etwas Geduld und nicht zuletzt auch Erfahrung. Dafür haben Heilsteine auch keine Nebenwirkungen.

Mit Steinen behandeln

Es gibt verschiedene Methoden, wie man Steine zu Heilzwecken anwenden kann. Im Nachfolgenden sind diejenigen kurz beschrieben, die Sie selbst durchführen können.

Das Auflegen von Steinen

• Bei akuten Schmerzen einen oder mehrere Trommelsteine direkt auf die betreffende Stelle auflegen und 20 bis 30 Minuten damit ruhen. Täglich einmal wiederholen, bis sich die Beschwerden gelegt haben.

• Bei chronischen oder besonders starken Beschwerden einen flachen Stein mit Heftpflaster über Nacht – höchstens jedoch zwölf Stunden lang – auf die Stelle aufkleben.

• Zur positiven Beeinflussung von Chakren (siehe Seite 12f.) eine flache Steinscheibe oder einen Trommelstein auf das betreffende Chakra platzieren. Beim obersten und untersten Chakra den Heilstein jeweils davor auf den Boden legen. Etwa 30 Minuten entspannt liegen bleiben und anschließend etwas ruhen.

Heilsteinwasser

Zur Herstellung von Heilsteinwasser benötigen Sie ein Glas mit Mineralwasser ohne Kohlensäure, außerdem ein bis drei Trommelsteine oder eine Kette mit den entsprechenden Steinen.

• Man legt die Steine in das gefüllte Wasserglas und stellt es auf weißem Untergrund etwa eine Stunde in die Sonne. Ohne Sonne lässt man die Steine zwölf Stunden im Wasser liegen.

• Zur Behandlung von Beschwerden wird das Heilsteinwasser morgens nüchtern oder über den Tag verteilt vor den Mahlzeiten getrunken.

Heilbäder

Sie können die Mineralien der Heilsteine auch auf den ganzen Körper wirken lassen, indem Sie ein Heilsteinbad nehmen. Dazu benötigen Sie Edelsteinpulver oder einige Trommelsteine, die in eine Wanne mit ca. 35 °C warmem Wasser gegeben werden. Baden Sie mindestens zweimal pro Woche darin, aber nicht länger als 20 Minuten. Bei Hautproblemen ist diese Anwendung besonders zu empfehlen. Bringen Sie die Steine jedoch nie mit Seifen und Shampoos in Kontakt!

Steine richtig pflegen

Edelsteine nehmen uns überschüssige und negative Energien ab oder versorgen uns mit neuen Energien. Sie werden stark beansprucht und müssen daher sorgfältig gepflegt werden. Steine, die

»überlastet« sind, zeigen dies auf unterschiedliche Weise. Sie haben keine Leuchtkraft mehr, werden stumpf und trüb. Bei manchen wird die Oberfläche porös, und im schlimmsten Fall können sie sogar brechen.

Entladen

- Heilsteine sollten nach intensivem Gebrauch gereinigt und entladen werden. In jedem Steinporträt finden Sie Hinweise, wie man dabei vorgeht.
- Spuren von Hautfett oder Heftpflaster entfernt man zunächst mit Alkohol. Danach müssen die Steine unter fließendem Wasser gereinigt werden.
- Schmuckstücke werden abends abgelegt und bleiben nachts offen liegen, damit sie ihre negativen Schwingungen abgeben können.
- Drusen entlädt man alle paar Tage – mindestens wöchentlich – unter fließendem Wasser.

Aufladen

Auf die Reinigung des Steins folgt seine erneute Aufladung. Lesen Sie auch hier die Beschreibung in den Steinporträts. Als allgemeine Richtlinie gilt:

- Die Mehrzahl aller Heilsteine kann man in einer trockenen Schale zwischen Hämatittrommelsteinen oder in einer Bergkristallgruppe aufladen.
- Steine, die keine Metall- oder Wassereinlagerungen aufweisen, können in der Sonne aufgeladen werden.

Den richtigen Stein finden

Trotz genauer Beschreibungen von Steinen und ihren Heilwirkungen ist für die Auswahl des richtigen Steins Ihr Gefühl und Ihre Intuition ganz wichtig. Unterschätzen Sie die Sprache Ihres Körpers nicht! Es lässt sich eben nicht alles beschreiben und endgültig bestimmen. Ihre Vorlieben bei Schmucksteinen werden hier sicher genauso eine Rolle spielen wie Ihre Neigung zu bestimmten Farben. Natürlich sind die Steinporträts in diesem Buch eine Orientierungshilfe. Dennoch sollten Sie sich in einer Mineralienhandlung Zeit zum Aussuchen Ihrer Heilsteine lassen. Nehmen Sie Steine, die Sie spontan ansprechen, in die Hand. Spüren Sie, wie die Steine sich anfühlen und wie ihre Schwingungen auf Sie wirken. Für eine Erfolg versprechende Behandlung sollten Sie sich auch daran orientieren, welche Steine für Ihr Sternzeichen empfohlen werden. Weiterhin ist es wichtig, für die verschiedenen Beschwerden und Erkrankungen die richtigen Auflegepunkte zu finden. Hierbei sind die Chakrapositionen sehr hilfreich.

Die Chakren

Das Wort »Chakra« stammt aus dem Sanskrit und bedeutet Rad. Indische Ärzte und Therapeuten verstehen den menschlichen Körper als einen Kreislauf von fließenden Energien. Chakren sind Knotenpunkte, an denen sich verschiedene Energiekreise schließen. Es gibt sieben Chakren, die jeweils für bestimmte Organe zuständig sind.

In einem gesunden Körper können die einzelnen Energiekreise ungehindert fließen. Krankheit bedeutet in dieser Auffassung die Blockade eines oder mehrerer Chakren. Körperliche Beschwerden oder psychische Belastungen bringen also das Energiesystem des Menschen in Unordnung. Alle Chakren öffnen sich nach außen, so dass sie energetisch beeinflusst werden können, z.B. durch energiereiche Steine.

Wurzelchakra

Das Wurzelchakra befindet sich zwischen Genitalbereich und Steißbein und öffnet sich nach unten. Sein Energiekreis ist für die festen körperlichen Bestandteile zuständig: Knochen, Zähne und Nägel. Es lenkt die Darm- und Prostatafunktion, die Blutbildung und den Zellaufbau. Das Wurzel- oder Basischakra ist charakterisiert durch Erdverbundenheit, es stimuliert unsere sinnlichen Regungen.

Sakralchakra

Das zweite Chakra liegt über dem Schambein im unteren Bauchbereich und öffnet sich nach vorn.

Die sieben Chakren liegen auf einer Linie vom Steißbein zum Scheitel. Das unterste öffnet sich nach unten, das oberste nach oben, alle weiteren öffnen sich nach vorn.

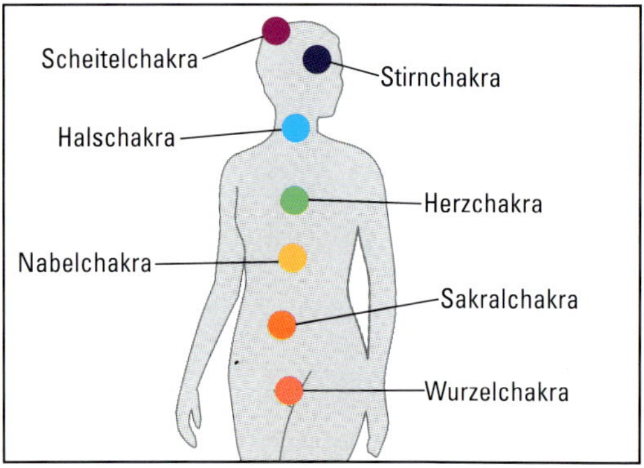

Dieses Chakra reguliert vor allem die Drüsen der Nebennierenrinde und über diese die Produktion der Sexualhormone. Außerdem werden von hier aus alle Körperflüssigkeiten reguliert.

Nabelchakra

Man kennt es auch unter dem Namen »Solarplexus« oder »Sonnengeflecht«. Es umfasst den Bereich zwischen Nabel und dem Beginn des Brustkorbs. In diesem Teil des Körpers geht es um die energetische Versorgung von Magen, Leber, Milz, Gallenblase und Bauchspeicheldrüse. Und hier kann man auch Einfluss nehmen auf das vegetative, also nicht willentlich zu steuernde Nervensystem, das u. a. auch für die Atmung und den Herzschlag zuständig ist.

Herzchakra

Das Herzchakra meint den Brustkorbbereich in der Nähe des Herzes. Es ist ebenfalls nach vorn geöffnet. Seine Energien fließen durch Herz und Kreislauf. Da es auch Thymus und Nebenschilddrüsen umfasst, hat es Einfluss auf unser Immunsystem.

Halschakra

Es befindet sich eher im unteren Bereich des Halses und öffnet sich sowohl nach vorn als auch nach unten, um auf die Schilddrüse Einfluss zu nehmen. Diese ist für unseren Stoffwechsel zuständig, steuert die Verarbeitung von Nährstoffen. Doch auch der gesamte Atemwegsbereich bis zur Mundhöhle und den Ohren unterliegt dem Halschakra.

Stirnchakra

Das Stirnchakra nennt man auch das Dritte Auge. Es befindet sich zwischen den Augenbrauen über der Nasenwurzel und öffnet sich nach vorn. Von seinem ungestörten Energiefluss profitiert das ganze Gesicht mit den zwei Sinnesorganen Augen und Nase. Die Bezeichnung »Drittes Auge« deutet an, dass über dieses Chakra das intuitive Erkennen und Erfassen reguliert wird. Und auch das zentrale Nervensystem erhält von hier seine Energie.

Scheitelchakra

Man nennt es auch Kronenchakra, da es sich über der höchsten Stelle des Körpers befindet. Es ist nach oben geöffnet. Über seine energetische Bahn wird vor allem die Zirbeldrüse gesteuert, die für das körperliche, aber auch für das geistige Wachstum zuständig ist. Das Scheitelchakra stellt die Verbindung zum Kosmos her und macht uns für das Spirituelle empfänglich.

Achat

Mythologie

Der sizilianische Fluss Achates gab diesem Stein seinen Namen, da er sein erster Fundort gewesen sein soll. Er zählt zu den ältesten und beliebtesten Schmuck- und Heilsteinen. Aufgrund seiner verschiedenen Farbschichten eignet er sich auch besonders gut zum Gemmenschneiden: Symbole oder Wappen werden so aus dem Stein herausgeschnitten, dass sie sich von einer tiefer liegenden Farbschicht abheben. Der Glück bringende Skarabäus wurde traditionell aus einem Achat gearbeitet, und die Römer trugen Achatringe, um sich damit Macht und Reichtum zu sichern. Durch Brennen kann man die Farbe der Steine noch verstärken.

Sternzeichen

Bei den Erdzeichen Stier und Steinbock stärkt dieser Stein die Willenskraft.

Chakra

Rötliche Achate wirken vor allem auf das Wurzel- und Sakralchakra, während blaue Achate über das Halschakra die Wirbelsäule beeinflussen.

Mineralogie

- *Farbe:* cremeweiße bis beige Schichten, abwechselnd mit rotbraunen und graublauen
- *Härte:* 6,5 bis 7
- *Formel:* SiO_2 + Al, Ca, Fe, Mn

Achate entstehen in vulkanischen Gebieten und gehören zur Gruppe der Chalzedone. Sie entstehen in blasenartigen Hohlräumen erkaltenden Lavagesteins, weswegen Achate oft in schönen Drusen zu bewundern sind. Das Quarz lagert sich Schicht um Schicht an den Innenwänden ab. Aufgrund der verschiedenen Bänderungen unterscheidet man u. a. Augen-, Band- oder Wolkenachat. Je nach Beimengung unterschiedlicher Metalle entstehen die vielfältigen Farben des Achats. Zu finden ist er in ehemaligen Vulkangebieten in Deutschland, Brasilien, Uruguay, Mexiko, den USA und Vorderindien.

Steinpflege

Da der Stein relativ hart ist, lässt er sich gut zu unterschiedlichen Formen schleifen: zu Kugeln, Anhängern, Handschmeichlern und dekorativen Gegenständen.
Entladen wird der Stein einmal im Monat unter fließend warmem Wasser. Sonneneinstrahlung steigert seine Energie.

Der Achat galt als Schutzstein und Glückssymbol, weshalb Skarabäen gern aus diesem Stein geschnitzt wurden.

Heilende Wirkung

Auf den Körper

Der Achat ist für die Edelsteintherapie von großer Bedeutung und gehört auch in die Steinheilkunde der Hildegard von Bingen. Im Bereich der inneren Organe wirkt er vor allem stärkend auf die Geschlechtsorgane und damit auf die Fortpflanzung. Deshalb gilt er auch als Schutzstein für das werdende Leben während einer Schwangerschaft. Hildegard von Bingen setzte ihn bei verletzter und rauer Haut ein. Bei Hautentzündungen und Insektenstichen wird er am besten direkt auf die betroffene Hautstelle aufgelegt. Er fördert aber auch die Gesunderhaltung der verschiedenen Zirkulationssysteme im menschlichen Körper (Blut-, Nerven- und Lymphbahnen). Der Achat wird nicht zuletzt auch bei erkrankten oder müden Augen eingesetzt. Hier empfiehlt es sich, zwei Achatscheiben auf die geschlossenen Augen zu legen.

Auf die Seele

Auch im seelischen Bereich beeinflusst der Achat sämtliche Wachstums- und Reifeprozesse. Wer Pläne und Ideen in die Tat umsetzen will, sollte diesen Stein stets bei sich tragen. Der Achat stärkt das Selbstvertrauen und zerstreut Zweifel, wodurch er unsere Kraft zur Selbstheilung fördert. Der Achat ist aber auch ein Stein, der seinen Träger beim Rückzug ins eigene Ich unterstützt und somit durch Distanz eine bessere Konzentration auf die äußeren Dinge ermöglicht.

Amethyst

Mythologie

Das griechische Wort »Amethystos« bedeutet übersetzt nicht trunken. Der Name des Steins weist bereits auf die Wirkung hin, die man ihm in der Antike zusprach: Er soll dem Menschen Nüchternheit bewahren. Damit ist jedoch nicht nur ein Schutz vor dem übermäßigen Genuss alkoholischer Getränke gemeint: Der Träger des Steins wird insgesamt in seiner Standfestigkeit gestärkt und kann vielerlei Versuchungen widerstehen. Negative Kräfte verwandelt der Amethyst ins Gegenteil und klärt so die Gedanken und Gefühle. Seine violette Farbe ist eine Mischung aus kalten und warmen Farben, weshalb man ihm eine integrierende Wirkung zuschreibt.

Sternzeichen

Der Amethyst ist der Stein der Fische, er wird aber auch dem Widder und dem Schützen zugeordnet.

Chakra

Der Amethyst wirkt über das Scheitelchakra intensiv auf den Menschen ein.

Mineralogie

- *Farbe:* hell- bis dunkelviolett
- *Härte:* 7
- *Formel:* SiO_2 + Fe, Mn, Ti

Der Amethyst gehört zur Gruppe der Kristallquarze, seine großen Kristalle sind mit dem bloßen Auge zu erkennen. Das eingelagerte Eisen verschafft dem Stein seine typische Farbe. Er entsteht in vulkanischen Gasblasen. Der Amethyst kristallisiert in sechsseitigen Prismen. Sind sie oben spitz, spricht man von einem männlichen Kristall, sind sie abgeflacht, von einem weiblichen. Die wichtigsten Fundorte liegen in Brasilien, Uruguay, Mexiko, Westaustralien und Marokko.

Steinpflege

Amethyste gibt es als Druse, Handschmeichler oder Schmuckstein. Im Handel sind sowohl männliche als auch weibliche Kristalle erhältlich. Zur Behandlung sollte man einen Stein des jeweils anderen Geschlechts wählen – es sei denn, man möchte geschlechtsspezifische Merkmale verstärken. Der Amethyst darf auf keinen Fall in die Sonne gelegt werden. Er wird einmal im Monat unter fließend warmem Wasser oder zwischen Hämatittrommelsteinen entladen.

Der Amethyst steht für den Ausgleich von Gegensätzen. Er erzeugt Harmonie und sorgt für eine Klärung des Geistes.

Heilende Wirkung

Auf den Körper

Bereits Hildegard von Bingen setzte den Amethyst gegen verschiedene Erkrankungen der Haut ein. Er trägt zu einer Straffung des Bindegewebes bei und macht die Haut dadurch resistenter gegen äußere Einflüsse. Amethystwasser eignet sich zur Gesichtspflege bei Mitessern und anderen Verunreinigungen der Haut (z. B. Aknepusteln). Außerdem wird der Amethyst bei Migräne und stressbedingten Verspannungen eingesetzt. Er wirkt sehr beruhigend auf Nerven und Herz und kann einen zu niedrigen oder zu hohen Blutdruck wieder stabilisieren. Schon von den Indianern wurde der Amethyst für eine ungestörte Nachtruhe eingesetzt: Unter das Kopfkissen gelegt, vertreibt er Alpträume und verhilft zu einem ruhigen und erholsamen Schlaf.

Auf die Seele

Schon eine im Zimmer aufgestellte Amethystdruse stärkt die Konzentrationsfähigkeit. Dieser Stein inspiriert den Geist (nicht umsonst wird er in diesem Sinn von der katholischen Kirche als Symbol verwendet) und fördert die Intuition. Zu diesem Zweck sollte er direkt am Körper getragen werden. Eine der negativen Energien unseres Alltags heißt Stress, und er wirkt sich bei jedem verschieden aus: Es kommt zu Wutausbrüchen, Hysterie, hektischer Gestik und Mimik und sogar zu Neurosen. Hier wirkt der Amethyst harmonisierend.

Aquamarin

Mythologie

Der Name dieses Steins leitet sich aus dem Lateinischen ab und bedeutet Wasser des Meeres. Aufgrund seiner wassergleichen Durchsichtigkeit galt der Aquamarin schon bei den alten Griechen als Symbol der Reinheit, Klarheit und Hellsichtigkeit. Er sollte das eheliche Glück schützen und die Liebe ungetrübt erhalten. Der Legende nach kann man Freund und Feind, wahr und falsch daran unterscheiden, dass der Aquamarin seine Farbe verändert. Es ist unklar, ob Hildegard von Bingen auch den Aquamarin einschloss, als sie von den Beryllen schrieb, zu deren Steingruppe er zählt.

Sternzeichen

Bei Wassermann und Zwillingen, die sich beide nicht gern dauerhaft binden, festigt er persönliche Beziehungen. Der Waage und den Fischen verschafft er einen klaren Blick.

Chakra

Dieser Stein wird bevorzugt auf das Halschakra aufgelegt, beeinflusst aber auch das Stirnchakra.

Mineralogie

- *Farbe:* helles Meergrün oder hellblau; durchscheinend
- *Härte:* 7,5 bis 8
- *Formel:* $Be_3Al_2(Si_6O_{18})$

Der Aquamarin ist ein Stein aus der Beryllgruppe und stellt eine Beryllium-Aluminium-Silizium-Verbindung dar. Er kristallisiert in sechsseitigen Prismen und verdankt seine blaue bis blaugrüne Farbe Eisenbeimischungen. Die bekanntesten Fundorte liegen in den USA, Afghanistan, Pakistan, Brasilien, Nigeria, Madagaskar und im Uralgebirge.

Steinpflege

Dieser Stein wird hauptsächlich als Anhänger oder Fingerring gefasst, im Handel erhält man ihn auch häufig als Halskette, seltener als Handschmeichler. Man kann ihn auch als Kristall (als Rohstein oder geschliffen) kaufen. Der Aquamarin sollte möglichst ununterbrochen direkt am Körper getragen werden. Man sollte ihn jedoch täglich zum Entladen unter fließendes Wasser halten. Zum Aufladen legen Sie ihn über Nacht in eine Schale mit Trommelsteinen aus Hämatit. Bei häufiger Benutzung den Aquamarin einmal wöchentlich in die Sonne legen.

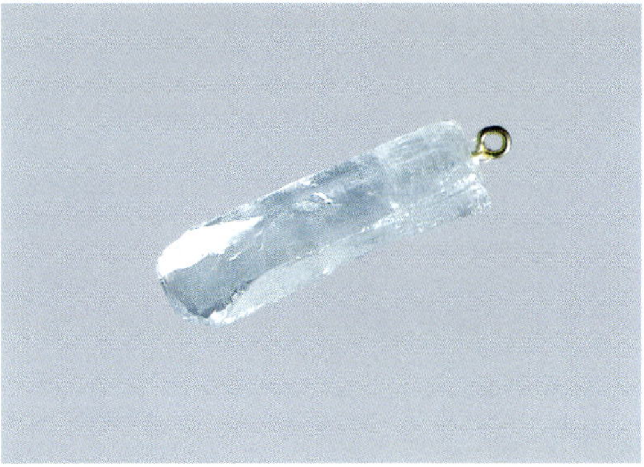

Der kristallklare Aquamarin symbolisiert eine rasche Auffassungsgabe, aber auch Lebensfreude und Optimismus.

Heilende Wirkung

Auf den Körper

Der Aquamarin hat einen harmonisierenden Einfluss auf Hypophyse und Schilddrüse, die beide für den Hormonhaushalt des Körpers verantwortlich sind. Darüber hinaus wirkt er positiv auf andere Drüsen des Körpers und beugt auch Störungen des Stoffwechsels vor. Der Aquamarin ist ein wichtiger Heilstein im Bereich von Atemwegserkrankungen. Er kann bei einfachen Erkältungen mit Hals- und Gliederschmerzen, aber auch bei Bronchitis und Asthma eingesetzt werden. Überanstrengte und tränende Augen werden in ihrer Sehkraft gestärkt, wenn Sie den Stein für mindestens eine halbe Stunde auf die geschlossenen Lider legen.

Außerdem wirkt der Aquamarin günstig auf ältere Menschen. Er schützt vor Senilität und Vergesslichkeit und hält Knochen und Arterien geschmeidig.

Auf die Seele

Da der Aquamarin über die verschiedenen Drüsen auf unseren Hormonhaushalt wirkt, ist er der richtige Stein gegen Depressionen und andere extreme Stimmungsschwankungen. Durch seine klärende Wirkung stärkt er das Selbstvertrauen. Der Aquamarin sorgt für mehr Weitblick, so dass chaotische Lebensumstände in Ordnung gebracht und gemühlsmäßige Verwirrungen geklärt werden können. Er eignet sich als Stein für die Partnerschaft, indem er positiv auf deren Dauer und Tiefe einwirkt.

Aventurin

Mythologie

Der Name des Steins geht auf das italienische Wort »a ventura« (aufs Geratewohl) zurück: Damit sind die »willkürlich« eingestreuten Glitzerpartikel gemeint, die für sein geheimnisvolles Schimmern aus der Tiefe sorgen. Wegen seiner lebhaften Farbe schrieben die Inder und Chinesen ihm potenzfördernde Eigenschaften zu. Als dieser Stein nach Europa kam, war er sehr begehrt und deshalb teuer. Glasbläser auf der Insel Murano bei Venedig bemühten sich, den Stein künstlich herzustellen. Durch das Hinzufügen von winzigen Kupferschuppen gelang es ihnen, den so genannten Aventurin-Sonnenstein täuschend ähnlich zu imitieren.

Sternzeichen

Dem Krebs verhilft der Aventurin zu mehr Ruhe und Gelassenheit, beim Schützen fördert er dessen positive Eigenschaften..

Chakra

Über das Herzchakra löst dieser Stein seelische Verspannungen, er kann aber auch auf das Nabelchakra aufgelegt werden.

Mineralogie

- *Farbe:* intensives Meergrün bis fahles Graugrün; leicht durchscheinend, häufig mit glitzernden Einlagerungen; kommt auch als kräftig orangeroter Stein vor
- *Härte:* 7
- *Formel:* SiO_2 + (Cr)

Der Aventurin ist ein derber Quarz, der durch Einschlüsse von Chromglimmer seine durchscheinende Farbe erhält. Winzige Hämatitplättchen verleihen der orangeroten Variante ihre Farbe. Der Aventurin ist in Sedimenten, Magmatiten und in kristallinen Schiefern gesteinsbildend. Die wichtigsten Fundorte liegen in Brasilien, Südafrika, Indien, im Ural und in Sibirien.

Steinpflege

Als Rohstein kann man den Aventurin zum Aufstellen oder zum Meditieren benutzen. Als Handschmeichler oder Schmuckstein sollte er längere Zeit getragen werden. Bei akuten Beschwerden kann man ihn mit Hilfe eines Heftpflasters direkt auf die betreffende Körperstelle aufkleben, jedoch nie länger als zwölf Stunden. Zum Entladen hält man den Aventurin einmal im Monat unter fließendes Wasser. In der Sonne lädt er sich wieder auf.

Der Aventurin steht für Gelassenheit, verbunden mit Toleranz gegenüber fremden Ideen. Er steigert die Begeisterungsfähigkeit.

Heilende Wirkung

Auf den Körper

Der Aventurin wirkt positiv auf die Herzgegend und fördert die Regeneration dieses Organs. Er ist außerdem für die Darmregion zu empfehlen, denn er regt den Fettstoffwechsel an und kann somit auch zu einer Senkung von zu hohen Cholesterinwerten beitragen. Doch auch andere Störungen des Verdauungsapparats (Blähungen, Völlegefühl, Verstopfung, Durchfall) werden durch den Aventurin positiv beeinflusst. Ein weiterer Wirkungsbereich des Steins ist die Haut. Hautausschläge und Akne sowie Allergien können durch einen direkt auf der Haut getragenen Aventurin gemildert werden. Irritierte Haut kann mit Aventurinwasser beruhigt werden. Legen Sie hierfür den Stein über Nacht in ein Wasserglas, und trinken Sie das Wasser am nächsten Morgen.

Auf die Seele

Der Aventurin hilft gegen tief sitzende Ängste und Verspannungen. Er stärkt das Selbstvertrauen und die Persönlichkeit des Trägers. Erholung und Regeneration sind weitere Eigenschaften, die diesem Stein zugeschrieben werden. Unter das Kopfkissen gelegt, fördert er ein besseres Einschlafen und sorgt für einen entspannten Schlaf. Und wer erholt ist, kann heiter und gelassen sein, zwei Attribute, die den Aventurin ebenfalls begleiten. Darüber hinaus verhilft er zu kreativen Ideen und erhöht die Toleranz gegenüber dem Ungewohnten.

Bergkristall

Mythologie

Auf viele Kulturen und Völker übte dieser Stein eine magische Faszination aus. Das griechische Wort »krystallos« bedeutet Eis. Und lange Zeit glaubte man auch, dass es sich beim Bergkristall um versteinertes, klares Eis handelt. Seine feste und klare Beschaffenheit sollte auch zu den von ihm symbolisierten Tugenden beitragen: Weisheit, Mut und Treue. Für den richtigen Durchblick sorgte er auch bei den Wahrsagern, die mit Hilfe einer Kugel aus Bergkristall die Zukunft voraussagten. Und die alten Römer waren der Ansicht, der klare Kristall sei der Sitz der Götter, die ja über die Geschicke der Welt verfügten.

Sternzeichen

Der Stein stärkt die Persönlichkeit des Löwen, dem Steinbock und dem Zwilling verhilft er zu klarer Sicht in geistigen Dingen.

Chakra

Der Bergkristall bringt über alle Chakren Licht und Klarheit, besonders intensiv wirkt er über das Scheitelchakra auf uns ein.

Mineralogie

- *Farbe:* durchsichtig klar
- *Härte:* 7
- *Formel:* SiO_2

Der Bergkristall ist reiner, glasklarer Quarz. Er entsteht aus wässriger Siliziumlösung ohne jegliche Fremdstoffe. Die Kieselsäure kann sich umso besser im Wasser lösen, je höher der Druck und die Temperatur sind. Sobald die Temperatur sinkt, scheidet sie sich vom Wasser ab, und die Kristallbildung beginnt. Die Kristalle sind in Jahrmillionen in Hohlräumen gewachsen. Einzelne große Kristalle sind selten. Die Hauptfundorte für Bergkristalle liegen in den Alpen, in Brasilien und im US-Bundesstaat Arkansas.

Steinpflege

Die in Gruppen angeordneten Kristalle eignen sich zum Aufstellen. Einzelne Kristallzapfen kann man als kantige Handschmeichler bei sich tragen oder als Pendel benutzen. Je größer der Kristall, umso energiereicher ist er. Eine Bergkristalldruse, die im Zimmer aufgestellt wird, verstärkt die Wirkung anderer Heilsteine. Der Bergkristall wird in der Sonne aufgeladen. Zum Entladen legt man ihn in eine Schale mit Hämatittrommelsteinen.

Der Bergkristall ist das Symbol der Reinheit und der Weisheit schlechthin. Er spendet auf sanfte Weise Kraft und Energie.

Heilende Wirkung

Auf den Körper

Der Bergkristall gilt als Harmoniestein für alle Heilsteine. Wichtig für die Heilanwendung: Der Stein wird in männliche (spitz zulaufende) und weibliche (eine rechteckige Kante bildende) Kristalle unterschieden. Sie werden gegengeschlechtlich eingesetzt, bei einem Mann weibliche Kristalle und umgekehrt. Er wirkt auf viele Organe und wird überall eingesetzt, wo es um Reinigung und Beruhigung geht. Adern und Blutgefäße, die durch schlechte Ernährungsgewohnheiten und mangelnde Bewegung verstopft sind, kann er wieder besser durchgängig machen. Und auch Magen-Darm-Probleme können z. B. mit Bergkristallwasser gelindert werden (0,5 Liter Mineralwasser mit dem Stein über Nacht stehen lassen und jeweils vor den Mahlzeiten trinken). Der Bergkristall hilft dabei, gefühllose oder taube Körperstellen wieder zu aktivieren. Umgekehrt kann er bei Fieber aufgelegt werden, um es zu senken.

Auf die Seele

Der Bergkristall macht klarsichtig bis zur Hellsichtigkeit: Er kann verdrängte Erinnerungen in unser Bewusstsein zurückholen und hilft uns so auf dem Weg zur Selbsterkenntnis. Mit seiner positiven Energie trägt er dazu bei, vermeintliche geistige Grenzen zu überwinden. Er fördert also zum einen die Persönlichkeitsentwicklung und schärft zum anderen die Außenwahrnehmung.

Bernstein

Mythologie

Der Name des Bernsteins geht auf das niederdeutsche Wort »bernen« für »brennen« zurück. Im Mittelalter vertrieb man böse Geister, indem man Bernstein zu Pulver zerrieb und den Flammen übergab. Die Araber verfolgten denselben Zweck, wenn sie ihn als Amulett um den Hals trugen. Hildegard von Bingen glaubte über die Herkunft dieses organischen Steins zu wissen: »Er entsteht aus einer bestimmten Art, aber nicht jeder, des Luchsurins.« Der Luchs war für sie ein typisches Tier des Nadelwalds, mit klarem, durchdringenden Blick. Bereits die Griechen hatten entdeckt, dass sich dieser Stein elektrostatisch aufladen lässt, und nannten ihn elektron.

Sternzeichen

Der Bernstein verschafft dem umtriebigen Zwilling Entspannung und unterstützt die Verwirklichung der Pläne des Löwen.

Chakra

Der Bernstein kann seine Wirkung besonders intensiv über das Nabelchakra entfalten.

Mineralogie

- *Farbe:* hellgelb bis braunorange, die undurchsichtigen Stücke eher cremeweiß bis gelblich
- *Härte:* 2 bis 2,5
- *Formel:* $C_{10}H_{16}O + S$

Bernstein ist ein fossiles Baumharz von Nadelbäumen, das über Jahrmillionen aushärten konnte und auf diese Weise allmählich versteinerte. Typisch für diesen Stein sind Einschlüsse von Insekten, Blättern und Rindenpartikeln. Der ergiebigste Fundort von Bernstein ist der Küstenstreifen an der Ostsee, der sich von Rostock über Polen bis Litauen erstreckt. In den Mittelmeerländern gibt es einen rötlich braunen Bernstein aus Pinienharz. Ein weiterer Fundort ist die Dominikanische Republik.

Steinpflege

Bernstein gibt es als Rohstein und Handschmeichler (besonders angenehm, da Bernstein ein warmer Stein ist). Beliebt sind Ketten aus gemugelten Gliedern und Anhänger in den unterschiedlichsten Formen. Dieser Stein sollte möglichst häufig direkt auf der Haut getragen werden. Längeres Liegen in der Sonne verträgt er nicht. Zum Entladen hält man ihn unter fließend warmes Wasser.

Der Bernstein steht für das Vertrauen, das man seiner Umwelt und sich selbst entgegenbringt.

Heilende Wirkung

Auf den Körper

Viele Hautkrankheiten und Allergien können mit Bernstein gelindert werden. Dazu zählen neben Pickeln und Pusteln auch Warzen, Ekzeme und übermäßige Schuppenbildung. Aber auch zur Behandlung von Allergien, die die Atemwege in Mitleidenschaft ziehen, und von Entzündungen des Mund- und Rachenraums ist er geeignet. Bernstein kann des Weiteren bei Knochen- und Gelenkerkrankungen wie Arthritis, Gicht und rheumatischen Beschwerden eingesetzt werden. Trinken Sie morgens auf nüchternen Magen ein Glas Wasser, in das Sie über Nacht einige Bernsteine gelegt haben. Der Stein erleichtert kleinen Kindern das Zahnen. Bernstein eignet sich auch zur Unterstützung der körpereigenen Immunabwehr. Wichtig ist bei allen Indikationen, dass Bernstein häufig und direkt auf der Haut getragen wird.

Auf die Seele

Der Bernstein beeinflusst den Gemütszustand positiv. Durch die Sonne, die in ihm eingeschlossen ist, macht er heiter und optimistisch. Deshalb wird er gerade Menschen empfohlen, die zu Depressionen neigen. Der Bernstein stärkt das Selbstvertrauen und erleichtert so das Erreichen von Zielen. Als warmer und relativ weicher Stein fördert er Flexibilität und Aufgeschlossenheit. Bernstein überträgt Sanftheit und sonniges Wesen und ist außerdem der Stein der Kreativen.

Beryll

Mythologie

Die durchsichtige Variante des Berylls ist wohl verantwortlich für seine Namensgebung: Er wurde schon früh zu Linsen geschliffen und wie ein Vergrößerungsglas benutzt. Aus dieser Verwendung leitet sich das deutsche Wort »Brille« ab. Der Beryll zählte zu den Glücksbringern unter den Edelsteinen und galt zugleich als Symbol für innige und treue Liebe. Für die Juden war der weiße Beryll ein magischer Stein, der seinen Träger in der Liebe zu Gott festigen sollte. Welchen Beryll Hildegard von Bingen in ihren Schriften meinte, können wir nicht mit Sicherheit sagen, da heute viele Beryllvarianten mit eigenem Namen belegt sind, z.B. Aquamarin, Heliodor u. a.

Sternzeichen

Der Beryll verleiht Zwillingen eine größere Standfestigkeit und sorgt für mehr Zielstrebigkeit.

Chakra

Mit dem farblosen Beryll können alle Chakren geöffnet werden. Die farbigen Varianten verstärken seine Wirkung.

Mineralogie

- *Farbe:* farblos (Goshenit), gelbgrün, goldgelb (Goldberyll), bläulich (Heliodor), blau (Aquamarin), rötlich violett (Bixbit)
- *Härte:* 7,5 bis 8
- *Formel:* $Al_2Be_3[Si_6O_{18}]$

Die Bezeichnung »Beryll« ist ein Sammelname für verschiedene Beryllium-Aluminium-Silikate. Ein Beryll entsteht, wenn silikatreiche Flüssigkeit bei hoher Temperatur und hohem Druck in Hohlräume bereits erstarrter Lava eindringt und sich mit den in den Dämpfen und Gasen vorhandenen Mineralstoffen anreichert. Die wichtigsten Fundorte liegen in Brasilien, den USA, Südwestafrika, Südafrika und Madagaskar.

Steinpflege

Den Beryll bekommt man als Rohstein oder als Trommelstein zum Auflegen und Meditieren. Geschliffen wird er häufig zu Schmuck verarbeitet und sollte dann direkt auf der Haut getragen werden. Ein Beryll erwärmt sich sehr schnell auf der Haut. Wenn dies nicht geschieht, sollten Sie ihn in der Sonne aufladen. Legen Sie ihn nachts in eine Schale mit Hämatittrommelsteinen, und entladen Sie ihn bei Bedarf unter fließendem Wasser.

Der Beryll schützt Körper und Seele vor negativen Energien. Er kann auch Stresssymptome lindern.

Heilende Wirkung

Auf den Körper

Der Beryll heilt auf sanfte Weise. Er stimuliert die Leber, die für eine Entgiftung des Körpers sorgt. Auch bei Reiseverstopfung oder -durchfall kann er erfolgreich eingesetzt werden. Hierzu sollte man abends vor dem Essen ein Glas Beryllwasser trinken. Erkrankungen des Rachenraums (Angina) und der Atemwege (Bronchitis) können ebenfalls mit einem Beryll gelindert werden. Der Stein wird auch bei Augenleiden eingesetzt und sollte dann direkt auf die geschlossenen Augenlider aufgelegt werden. Wenn Sie massiv unter Stress leiden, und dieser sich bereits durch körperliche Beschwerden bemerkbar macht, sollten Sie einen Beryll als Heilstein und ständigen Begleiter wählen. In Kombination mit einem Smaragd hat der Beryll eine gute Wirkung auf Herzerkrankungen und schützt auch die Herzkranzgefäße.

Auf die Seele

Dieser Stein besänftigt nicht nur Ihren Körper, sondern wirkt auch beruhigend auf Ihre Seele. Nervosität und Überreizung sowie die damit verbundenen emotionalen Ausbrüche werden durch den Beryll abgebaut. Zugleich fördert er die Selbstsicherheit und führt zu mehr Bedächtigkeit bei der Durchführung von Plänen. Er verhilft Ihnen dazu, Ihre Ziele zielstrebig zu verwirklichen. Besonders auf Reisen ist er ein beliebter Begleiter, weil er Schutz für Körper und Seele bietet.

Chalzedon

Mythologie

Der Name des Steins verweist vermutlich auf die griechische Stadt »Chalkedon« am Bosporus. In dieser Region liegen die ältesten uns bekannten Fundstellen des Chalzedons. In der Antike sah man in seinen Farben Blau und Weiß die Elemente Wasser und Luft repräsentiert. Deshalb setzte man ihn vor allem bei wetterbedingten Beschwerden wie Kreislaufproblemen und Wetterfühligkeit ein. Das Element Luft ist auch ein Symbol für geistigen Austausch und Kommunikation. Deshalb empfahl man Rednern, den Stein während eines Vortrags bei sich zu tragen. Auch Hildegard von Bingen sah in ihm das Prinzip Luft vertreten.

Sternzeichen

Zwillinge unterstützt der Stein in ihrer Sprachgewandheit, beim Krebs fördert er die Reinheit des Herzens, beim Schützen hingegen die Gelassenheit.

Chakra

Der Chalzedon wirkt vor allem auf das Halschakra, daneben aber auch auf das Stirnchakra.

Mineralogie

- *Farbe:* blauweiß gebändert
- *Härte:* 6,5 bis 7
- *Formel:* SiO_2

Der Chalzedon ist ein reiner, faseriger Quarz. Er entsteht durch Auskristallisierung von Kieselsäure in Spalten oder Hohlräumen von Gesteinen. Dies geschieht bei relativ niedrigen Temperaturen (unter 100 °C). Der Stein ist porös und lässt sich daher gut einfärben. Die hellblaue Farbe kommt durch Lichtbrechung zustande. Mikroskopisch feine Kristalle führen zum so genannten Tyndall-Effekt: Der rote Anteil des Lichts wird absorbiert, lediglich die blauen Strahlen des Farbspektrums werden reflektiert.

Steinpflege

Durch seine zweifarbigen Streifen eignet sich der Chalzedon zum Gemmenschnitzen. Man bekommt ihn außerdem als Handschmeichler oder gemugelt für Ketten und Anhänger. Rohsteine zum Aufstellen sind ebenfalls wirksam. Entladen Sie den Stein einmal im Monat unter fließendem Wasser. Aufladen können Sie ihn in einer Hämatitschale oder besser noch über Nacht in einer Amethystdruse.

Der Chalzedon wird auch als Rednerstein bezeichnet, weil er Stimme und Gedanken klar werden lässt.

Heilende Wirkung

Auf den Körper

Der Chalzedon ist besonders gut geeignet, um die Selbstheilungskräfte bei Erkrankungen im Bereich der Atemwege zu aktivieren. Er hilft außerdem gegen Infekte und Entzündungen, die von Fieber begleitet sind. Um die Stimme weich und klar zu machen, sollte der Chalzedon als Kette um den Hals oder als Anhänger direkt im Halsgrübchen getragen werden. Er ist der ideale Stein für Sänger und Redner, die ihn auch in der Hosentasche bei sich tragen können. Eine positive Wirkung hat der Chalzedon auch auf die Hormon- und Milchdrüsen. Deshalb sollten ihn gerade junge Mütter ständig bei sich tragen, damit ihre Brustdrüsen genügend Milch zum Stillen produzieren. Durch Wetterfühligkeit verursachte Beschwerden kann der Chalzedon lindern, ebenso Augenleiden, die druckabhängig sind, wie es beim Glaukom oder beim so genannten grünen Star der Fall ist.

Auf die Seele

Die luftigblaue und helle Farbe des Chalzedons vermittelt das Gefühl von Leichtigkeit und Unbeschwertheit. Sie sorgt für ein optimistisches Lebensgefühl. Dem Redner verhilft der Chalzedon nicht nur stimmlich, sondern auch gedanklich zu Geschmeidigkeit und Sprachgewandheit. Nachts bewahrt er vor Alpträumen und unruhigem Schlaf, wenn man ihn als Trommelstein unter das Kopfkissen legt.

Chrysolit (Peridot, Olivin)

Mythologie

In mineralogischen Bestimmungsbüchern ist der Chrysolit meist unter den Namen »Olivin« oder »Peridot« zu finden. Hildegard von Bingen schrieb über ihn: »Er hat beinah eine Leben spendende Kraft in sich.« Wie schon andere Naturheiler vor ihr schrieb sie ihm die Kraft zu, negative Energien abzuwehren. Die frühesten Fundgebiete auf vulkanischen Inseln im Roten Meer sind schon lange ausgebeutet. Denn sowohl die Griechen als auch die Römer schätzten diesen Edelstein in der Antike als Schutz- und Schmuckstein. Verwirrung entsteht oft dadurch, dass er in alten Dokumenten unter dem Namen »Topas« verzeichnet ist.

Sternzeichen

Der Chrysolit lässt den Charme des Löwen erstrahlen und verleiht ihm Optimismus. Dem Krebs hilft er gegen zu starke Empfindsamkeit.

Chakra

Der Chrysolit entfaltet seine Wirkung über das Herzchakra.

Mineralogie

- *Farbe:* farblos, grüngelb, olivgrün und flaschengrün
- *Härte:* 6,5 bis 7
- *Formel:* $(Mg, Fe)_2SiO_4$

Der Chrysolit ist ein Mischkristall aus den Mineralien Forsterit und Fayalit. Er entsteht hauptsächlich in Tiefengesteinen aus ultrabasischem Magma. Während eines Vulkanausbruchs wird er durch aufsteigendes Magma oft mit aus der Tiefe an die Oberfläche geschleudert. Man findet ihn nahezu in allen vulkanischen Gebieten der Erde, wo er meist in das Vulkangestein eingebettet liegt. In Deutschland kommt er in der Eifel vor, weitere Fundstellen befinden sich in Norwegen, auf Lanzarote, in Arizona, New Mexico und in den Nachfolgestaaten der Sowjetunion.

Steinpflege

Der Chrysolit ist als Rohstein und als Trommelstein erhältlich. Er wird aber auch zu Kettengliedern und Anhängern verarbeitet. Größere gemugelte Steine sind selten. Wird der Chrysolit täglich getragen, sollte er auch täglich unter fließendem Wasser entladen werden. Das Aufladen geschieht an der Sonne oder in einer Bergkristallgruppe.

Der Chrysolith spendet neue Lebenskraft und weckt bei seinem Träger optimistische Gefühle.

Heilende Wirkung

Auf den Körper

Der Chrysolit wird bei Erkrankungen von Organen eingesetzt, die sich im Brustkorb befinden. Dies sind in erster Linie das Herz, aber auch die Lunge und die Thymusdrüse. Auf letztere wirkt der Stein, indem er sie zur Entwicklung und Differenzierung von Abwehrzellen des Immunsystems anregt. Herzschmerzen, die durch Stress und Überforderung hervorgerufen wurden, können mit dem Chrysolit gelindert werden. Kinder und Jugendliche sollten eine Chrysolitkette tragen, um ihre gesunde Entwicklung zu unterstützen. Die oben angesprochene Stärkung des Immunsystems führt dazu, dass der Stein auch weitere innere Organe vor Infektionen schützt, vor allem die Verdauungsorgane und die Blutgefäße. Er soll auch Herpesbläschen, ein Zeichen für eine geschwächte Körperabwehr, verhindern. Und er wirkt allgemein gegen Hauterkrankungen, ob es nun störende Pickel und Pusteln sind oder durch Allergien hervorgerufene Ekzeme. Hier empfiehlt es sich, regelmäßig auf nüchternen Magen Chrysolitwasser zu trinken.

Auf die Seele

Der Chrysolit verhilft zu einer optimistischen Lebenseinstellung. Er vertreibt negative Empfindungen wie Hass, Neid, Schuldgefühle, Ärger, Wut und schlechtes Gewissen. Er regt dazu an, Versäumtes nachzuholen und Fehler wieder gutzumachen.

Chrysopras

Mythologie

Der Chrysopras galt in der Antike als Stein der Venus. In diesem Zusammenhang symbolisierte er jedoch die Liebe zur Wahrheit und nicht die körperliche Liebe, wie man es bei dieser Göttin vermuten würde. Der Name des Steins leitet sich aus dem Griechischen ab und kann in etwa mit »von Gold behaucht« übersetzt werden. Die goldfarbenen Adern, die den Stein durchziehen, verhalfen ihm zu dieser Bezeichnung. Für Hildegard von Bingen war der Chrysopras ein Stein, bei dessen Wirkung die Mächte der Nacht eine ausschlaggebende Rolle spielen: »Deshalb hat der Stein die Kraft jener Nächte, wenn der Mond von der Sonne gestärkt ist.« Sie setzte ihn bei Vergiftungen des Leibes und der Seele (Zorn) ein.

Sternzeichen

Der Chrysopras verhilft dem Krebs zu seelischer Balance.

Chakra

Dieser Stein verschafft vor allem über das Herzchakra Ruhe und Entspannung.

Mineralogie

- *Farbe:* helles Blaugrün bis kräftiges Apfelgrün; leicht durchscheinend oder undurchsichtig
- *Härte:* 7
- *Formel:* SiO_2 + Ni

Der Chrysopras gehört zur Familie der Chalzedone. Seine Farbe verdankt er Nickeleinlagerungen. Er entsteht, wenn Kieselsäure in Nickellagerstätten eindringt und sich mit diesem verbindet. Solange die Kieselsäure den Nickel herauslöst und noch Wasser im Kristallgitter vorhanden ist, entsteht der ähnlich aussehende Prasopal. Erst durch Wasserverlust bildet sich der Chrysopras. Die reichen Fundorte in Oberschlesien waren schon zu Beginn des 20. Jahrhunderts nahezu ausgebeutet. Heute findet man diesen Stein noch in Australien, Brasilien, Indien und Südafrika.

Steinpflege

Den Chrysopras gibt es als Rohstein, Anhänger oder Handschmeichler. Man entlädt ihn vor dem Tragen unter fließendem Wasser. Wenn Sie ihn als Handschmeichler in der Tasche tragen, genügt es, ihn einmal wöchentlich zu entladen. Zum Aufladen über Nacht legt man ihn in eine Gruppe mit Bergkristallen.

Der Chrysopras steht für Einklang und Harmonie. Er wirkt auf Seele und Körper entgiftend.

Heilende Wirkung

Auf den Körper

Der Chrysopras wirkt auf die inneren Organe und hier vor allem auf die Leber. Er regt sie zu vermehrter Aktivität an und sorgt so für eine bessere Entgiftung des Körpers. Er hilft auf diesem Weg sogar, Schwermetalle und andere schwer lösliche Stoffe auszuscheiden. Der Chrysopras ist mit seiner beruhigenden Farbe aber auch ein Stein des Herzes. Er wirkt regulierend auf den Blutdruck, indem er die Fließeigenschaften des Bluts verbessert und Gefäßverengungen gegensteuert. Er soll Bypasspatienten dabei helfen, den operativen Eingriff körperlich und seelisch besser zu verkraften. Des Weiteren hilft er bei vielen Hautkrankheiten, u. a. auch bei Neurodermitis. Chrysopraswasser beugt Erkrankungen an den weiblichen und männlichen Geschlechtsorganen vor und fördert die Potenz ebenso wie die Fruchtbarkeit.

Auf die Seele

Der Chrysopras löst innere Widersprüche; er verhilft seinem Träger zu mehr Selbstvertrauen und steigert die innere Zufriedenheit. Auch bei Eifersucht, Liebeskummer und Problemen im sexuellen Bereich wendet man diesen Stein gern an. Sehr hilfreich ist der Chrysopras auch bei starken Belastungen durch unverarbeitete Probleme verschiedenster Art und bei häufig wiederkehrenden Alpträumen. Gerade bei Kindern fördert er aus diesem Grund eine ungestörte Nachtruhe.

Diamant

Mythologie

Schon sein Name weist darauf hin, dass er der König unter den Edelsteinen ist: Das griechische Wort »adamas« bedeutet unbezwingbar. Der Diamant ist der härteste Edelstein. Deshalb wurden seinem Träger gewaltige Kräfte zugeschrieben, und bis heute gilt er bei Liebenden als schönster Beweis für Ergebenheit und Treue. Da mächtige Naturgewalten ihn hervorbringen, schrieb Hildegard von Bingen ihm außergewöhnliche Heilkraft zu. Viele Kulturen glaubten darüber hinaus, dass sein Besitz vor Gefahren schützt. Ein Diamant soll den Charakter seines Trägers veredeln. Wer ihn jedoch unrechtmäßig besitzt, wird angeblich vom Unglück verfolgt.

Sternzeichen

Der Diamant wird dem Löwen zugeordnet, dessen positive Eigenschaften er unterstützt.

Chakra

Die Heilkraft des Diamanten dringt besonders über das Stirnchakra ein, wirkt aber auch über die übrigen Chakren.

Mineralogie

- *Farbe:* alle Farben von durchsichtig Weiß bis Schwarz
- *Härte:* 10
- *Formel:* C

Der Diamant entsteht unter hohem Druck und bei großer Hitze (über 2000 °C) in einer Tiefe von 150 bis 200 Kilometer. Er besteht aus reinem kristallisiertem Kohlenstoff und wird durch Vulkanausbrüche an die Erdoberfläche geschleudert. Er ist das härteste Mineral und besitzt eine sehr hohe Lichtbrechung. Durch einen im 15. Jahrhundert entwickelten speziellen Schliff wird er zum Brillanten. Kleinste Einlagerungen anderer Elemente können zu einer Färbung des Steins führen. Hauptfundorte liegen in Australien, Brasilien, Indien, Südafrika und den USA.

Steinpflege

Wie oben erwähnt, erhält man Schmuckdiamanten eigentlich nur als Brillanten. Zu Therapiezwecken empfiehlt sich jedoch ein roher Diamantkristall. Die in ihm gebundene Energie sucht ihresgleichen, ein Entladen oder Aufladen erübrigt sich deshalb. In einem Schmuckstück verstärkt der Diamantkristall die Wirkung der übrigen gefassten Edelsteine.

Der König unter den Edelsteinen symbolisiert Freiheit und Macht. Er spornt zu geistigen Höhenflügen an.

Heilende Wirkung

Auf den Körper

Der Diamant sorgt für feste Nägel, Zähne und Knochen. Er hat eine läuternde Wirkung und setzt im Körper Reinigungsprozesse in Gang. Verschiedene Ablagerungen im Organismus, die zu Gicht, rheumatischen Erkrankungen oder sogar zu Schlaganfällen führen, baut er ab. Er verhindert die Bildung von Gallen- und Nierensteinen. Der Diamant wirkt auch auf den Geist klärend. Er stärkt das Gehirn und die Nerven und wirkt Gleichgewichtsstörungen entgegen. Er soll sogar gegen Geisteskrankheiten helfen, wenn man ihn als so genanntes Drittes Auge zwischen die Augenbrauen auflegt. Der Diamant ist besonders für ältere Menschen geeignet, da er Verkalkung und Senilität vorbeugt. Man wendet ihn auch bei der Rehabilitation von Schlaganfallpatienten an, da er sich sehr günstig auf Lähmungserscheinungen auswirkt. Der Diamant wirkt kräftigend auf alle Organe und Körperfunktionen. Von allen Steinen verfügt er über die größte Heilkraft.

Auf die Seele

Bei Depressionen und Angstzuständen ist der Diamant ein starker Helfer. Auch in Krisenzeiten empfiehlt es sich, ihn stets bei sich zu haben. Mental verhilft er zu einem klaren, strukturierten Denken und zu mehr Überblick. Der Diamant wirkt gegen Eifersucht, stärkt das Bewusstsein für Richtig und Falsch und hilft, zu sich selbst zu finden.

Fluorit (Flussspat)

Mythologie

Die Bezeichnung »Flussspat«, unter der der Fluorit ab etwa dem 18. Jahrhundert als eigenes Mineral ausgewiesen wurde, weist auf zwei seiner Eigenschaften hin. Zum einen gehört er zu den leicht spaltbaren Steinen, »Spat« kommt also von »spalten«. Zum anderen bringen die Erze, die in ihm enthalten sind, ihn schneller zum Schmelzen, zum »Fließen«. Der Legende nach soll der in vielen Farben schillernde Fluorit nach dem Abfließen der alttestamentarischen Sintflut das Bild des Regenbogens in Stein festgehalten haben. Die Chinesen verehrten ihn als Glücksbringer, der den Menschen vor dunklen Mächten schützt.

Sternzeichen

Der Fluorit hilft dem Wassermann und den Fischen, flüchtige Wahrnehmungen zu Erkenntnissen zu formen.

Chakra

Der Regenbogenfluorit wirkt am günstigsten über das Stirnchakra, kann aber auch auf andere Chakren aufgelegt werden.

Mineralogie

- *Farbe:* blau, grün, gelb, violett oder weiß; klar
- *Härte:* 4
- *Formel:* CaF_2

Die meisten erhältlichen Fluorite wurden aus magmatischem Gestein gebildet. Sie entstehen als Teil sauren Magmas in Gängen und Klüften. Der Stein kommt in kubischen und oktaedrischen Kristallen vor. Da er sich gut spalten lässt, kann man aus den Oktaedern auch leicht Würfel herstellen. Früher verwendete man Fluorit neben Glas und anderen Quarzen gern zur Imitation von Edelsteinen. In Deutschland wird er nur noch im Schwarzwald abgebaut. Weitere Fundorte liegen in Spanien, Mexiko, den USA und China.

Steinpflege

Den Fluorit gibt es als Rohstein, Handschmeichler oder Schmuckstein, aber auch als Pyramide und Obelisk. Oktaeder sind für therapeutische Zwecke besonders wirksam. Gereinigt wird er einmal pro Woche unter fließendem Wasser, Ketten legt man über Nacht in eine Schale mit Trommelsteinen aus Hämatit oder Bergkristall. In der Sonne kann er wieder aufgeladen werden.

Der bunt schillernde Fluorit galt als steinernes Abbild des Regenbogens und sollte vor dunklen Mächten schützen.

Heilende Wirkung

Auf den Körper

Direkt auf der Haut getragen, regt Fluorit die Regeneration sowohl der Haut- als auch der Schleimhautzellen an. Er lässt Pickel und Wunden abheilen und befreit die Atemwege sowie die Lunge. Da der Fluorit auch auf das Nervensystem wirkt, wird er erfolgreich bei Allergien eingesetzt, die psychisch bedingt sind. Er stärkt Knochen und Zähne und wirkt Haltungsschäden entgegen. Zur Vorbeugung von Karies und Zahnfleischentzündungen sollte man täglich ein Glas Fluoritwasser trinken. Durch seinen positiven Einfluss auf die Knochenbildung eignet sich vor allem der Regenbogenfluorit für Kinder und Jugendliche. Alte Menschen hält er beweglich: Er kann nicht nur bei allgemeiner Steifheit, sondern auch bei Knochenerkrankungen wie Arthritis und Osteoporose hilfreich sein.

Auf die Seele

Der Fluorit wirkt sich stabilisierend auf die Psyche aus. Er führt zwar nicht unbedingt dazu, dass unterdrückte Gefühle und Gedanken zum Vorschein kommen. Aber er hilft, sie im Stillen zu verarbeiten. Menschen, die manisch einer fixen Idee nachjagen und einengenden Denk- und Handlungsmustern nicht entkommen können, kann er wieder mehr Flexibilität verschaffen. Fluorit wirkt sich sehr günstig auf das Auffassungsvermögen aus. Er ist als Würfel und Pyramide sehr gut zum Meditieren geeignet.

Gold

Mythologie

Dieses Edelmetall ist wie kein anderes von Sagen und Legenden umwoben. Große Leidenschaften und Kriege wurden seinetwegen entfacht, denn wer Gold in ausreichendem Maß besaß, verfügte über Macht und Einfluss. Noch heute ist es bei Staatsregierungen üblich, sich zur Währungsstabilisierung auf Goldreserven zu verlassen. Als wertvolles Material ist Gold das Geschenk schlechthin. In vielen Kulturen wurde es den Göttern gleichgestellt und repräsentierte mit seinem warmen Glanz die Kraft und Energie der Sonne. Eine große Rolle spielt es nach wie vor bei der Schmuckherstellung und für das Kunsthandwerk. Das Barock verstand es besonders gut, große Flächen mit Gold zu überziehen.

Sternzeichen

Gold ist keinem speziellen Tierkreiszeichen vorbehalten.

Chakra

Gold kann auf alle Chakren aufgelegt werden, besonders günstig wirkt es jedoch über das Hals- und Herzchakra.

Mineralogie

- *Farbe:* goldgelb
- *Härte:* 2,5 bis 3
- *Formel:* Au

Gold ist ein Element. Durch die Beimengung anderer Metalle verändert sich seine sonnenhelle Farbe entweder ins Gelbe oder ins Rötliche. Zur Herstellung von Legierungen werden dem reinen Gold, das sonst z. B. für Schmuck zu weich wäre, Kupfer, Messing, Silber oder Platin beigemengt. Die Stempel mit den Nummern 333, 585 und 750 auf Goldgegenständen bezeichnen den jeweiligen Anteil an Gold. Dieser wird auch in Karat (kt) angegeben, also 9 kt, 14 kt, 18 kt und 24 kt (reines Gold). Abgebaut wird Gold aus Goldadern, oder es wird aus Flüssen ausgewaschen. Die größten Vorkommen liegen heute in Australien, Südafrika, den USA und den Nachfolgestaaten der Sowjetunion.

Pflege

Es empfiehlt sich, besonders wichtige Heilsteine in Gold fassen zu lassen. Reine Goldnuggets eignen sich sehr gut für Therapiezwecke. Gold entlädt man einmal im Monat unter fließend warmem Wasser. Aufgeladen wird es in der Sonne.

Gold ist heute noch genauso begehrt wie vor Tausenden von Jahren. Es steht für Macht und Reichtum.

Heilende Wirkung

Auf den Körper

Gold erhöht die Wirkung aller Heilsteine. Für sich genommen wirkt es sehr sanft, entfaltet aber beim häufigen Tragen auf der Haut seine Wirkung auf den gesamten Organismus. Es hält den Stoffwechsel gesund und aktiv, weshalb es gerade in fortgeschrittenem Alter zu empfehlen ist. Denn ein schlecht funktionierender Stoffwechsel führt zu verschiedenartigen Ablagerungen in Gefäßen und Knochen. Dadurch verliert man an Beweglichkeit und Elastizität und altert schneller. Gold besitzt zudem eine heilende Wirkung bei rheumatischen Erkrankungen wie Arthrose und Arthritis. Gold ist übrigens als Spurenelement im menschlichen Körper vorhanden und unterstützt die Regulierung der Hormonproduktion in den Drüsen. Äußerlich aufgelegtes Gold wirkt regulierend auf das Essverhalten. Verschiedene Essstörungen wie Appetitlosigkeit oder Fettsucht kann man mit Hilfe von Gold in den Griff bekommen.

Auf die Seele

Gold ist Balsam für die Seele, es stärkt das Selbstbewusstsein seines Trägers und sichert ihm Reichtum und allgemeines Wohlbefinden. Allerdings werden auch Machtgier, Überheblichkeit und ähnliche negative Eigenschaften durch Gold verstärkt. Fleiß, Liebe und Treue sind die positiven Eigenschaften, die man mit Gold gewinnen kann.

Granat

Mythologie

Der Name des Steins geht auf das lateinische »granatus« zurück, das man mit dem deutschen »gekörnt« übersetzen könnte. Der Granat galt schon in der Antike als verehrungswürdiger Edelstein. Er war ein Symbol für Hoffnung und Liebe in ausweglos erscheinenden Situationen. In der mittelalterlichen Sagenwelt ist der Granat auch mit dem Gralsmythos verbunden, d. h. der Suche nach dem ewigen Leben. Ritter schmückten ihre Schilde und Schwerter mit diesem Stein; er sollte sie vor Verwundungen schützen. Der Legende nach gibt es Granate, die von innen heraus leuchten. Daher rührt der Name »Karfunkelstein«. Die Inder sahen im Granat ein Sinnbild für die ständige Verwandlung und Vervollkommnung des Menschen.

Sternzeichen

Der Granat hilft dem Widder, seine Pläne zu verwirklichen, und er stärkt den Mut des Löwen.

Chakra

Der Granat wirkt am besten über das Wurzelchakra.

Mineralogie

- *Farbe:* dunkel- bis lilarot, es gibt aber auch Varianten in Gelb, Rosa, Grün, Braun und Schwarz; meist durchsichtig
- *Härte:* 6,5 bis 7,5
- *Formel:* für den böhmischen Granat $Mg_3Al_2[SiO_4]_3$

Granate sind in ihrer chemischen Zusammensetzung sehr unterschiedlich. Sie besitzen jedoch alle dieselbe Kristallstruktur und gehören zu den so genannten Inselsilikaten. Granate kommen in metamorphen kalkigen und dolomitischen Gesteinen als Kontaktmineral vor. Der bei uns als böhmischer Granat bekannte dunkelrote Stein wird auch Pyrop genannt. Die Hauptfundorte befinden sich im deutschen Bundesland Sachsen, in Böhmen (Tschechien), Australien, Südafrika und den USA.

Steinpflege

Zum Auflegen werden vor allem die nicht durchscheinenden Rohsteine empfohlen. Granatketten sollten direkt am Körper, möglichst in Halsnähe, getragen werden. In einer Schale mit Hämatittrommelsteinen wird der Granat entladen. Da er ein energiereicher Stein ist, genügt ein kurzes Aufladen in der Sonne.

Der Granat steht für den Pulsschlag des Lebens. Deshalb war er im Mittelalter ein Schutzstein der Ritter.

Heilende Wirkung

Auf den Körper

Der Granat stärkt den Herzmuskel und schützt vor Koronarerkrankungen. Er stabilisiert überdies den Kreislauf und hilft gegen Durchblutungsstörungen. Die Produktion roter Blutkörperchen wird durch ihn angeregt. Granatwasser, morgens auf nüchternen Magen getrunken, soll vor Leukämie schützen. Insgesamt stärkt der Granat die Selbstheilungskräfte des Körpers. Über den Blutkreislauf wirkt er auch auf die Leber, die Nieren, die Milz und die Bauchspeicheldrüse. Der Granat hat zudem eine äußerst positive Wirkung auf die Sexualität. Dies gilt vor allem für ältere Menschen, bei denen Libido und Potenz nachlassen.

Auf die Seele

Der Granat gibt in schwierigen Lebensphasen Zuversicht und Halt. Er hilft, den Alltag konstruktiv und tatkräftig zu bewältigen und sich immer wieder von neuem den täglichen Pflichten zu stellen. In schwierigen Phasen hält er den Lebensmut so lange aufrecht, bis die Krise überwunden ist. Auch für den Fall, dass man sein Leben grundlegend verändern will, ist der Granat der richtige Begleiter. Er fördert die Bereitschaft, sich von veralteten Vorstellungen und Gewohnheiten zu lösen. Der Granat bringt neue Ideen und die Kraft, diese zu realisieren. Er leistet gute Dienste in Beziehungen und Freundschaften, indem er im Umgang mit anderen Menschen Hoffnung und Vertrauen schenkt.

Hämatit

Mythologie

Die Bezeichnung »Hämatit« leitet sich vom griechischen Wort für Blut ab. Seit dem Mittelalter wird der Stein auch Blutstein genannt, weil er sein Schleifwasser blutrot verfärbt. Wegen dieser besonderen Eigenschaft glaubten die alten Ägypter, dass der Hämatit seine Kraft im Verborgenen entfaltet. Sie legten ihn den Toten auf ihrer letzten Reise mit in den Sarkophag, um ihnen den Übergang in die Ewigkeit zu erleichtern. Er wurde auch zum Stillen von Blutungen verwendet. Im antiken Griechenland wurde der Hämatit als göttliches Blut verehrt, das in den Adern der Erde fließt und diese am Leben erhält. Er ist deshalb an allen Verletzungen ihrer »Haut« zu finden.

Sternzeichen

Der Hämatit bewirkt, dass der Widder in allen Lebenslagen das rechte Maß einhält. Und auch beim Skorpion sorgt er für Ausgleich und Kompromiss.

Chakra

Der Hämatit heilt am besten über das Wurzelchakra.

Mineralogie

- *Farbe:* anthrazitgrau, metallisch glänzend
- *Härte:* 6 bis 6,5
- *Formel:* Fe_2O_3 + Mg, Ti

Der Hämatit ist ein wichtiges Eisenerz, dessen stahlgraue bis schwarze Farbe oft durch andere Elemente einen farbigen Schimmer erhält. Er enthält Titan. Seine Kristalle bilden sich im so genannten Nierenwachstum aus hydrothermalen Lösungen. Oder er entsteht in der Oxidationszone von Eisenerzlagerstätten. Auch wenn Limonitsedimenten Wasser entzogen wird, kann es zur Herausbildung großer Hämatitlager kommen.

Steinpflege

Der Hämatit kommt recht häufig vor, und man kann ihn daher in den vielfältigsten Formen auf dem Markt bekommen: als Rohstein, Trommelstein, Pyramide, Obelisk, Anhänger und gemugelter Schmuckstein für Ketten. Anders als die meisten anderen Steine darf der Hämatit nicht mit Wasser gereinigt werden. Zum Entladen und auch zum Aufladen legt man ihn deshalb in eine Schale mit Trommelsteinen aus Bergkristall. Steinheilwasser lässt sich jedoch sehr gut herstellen.

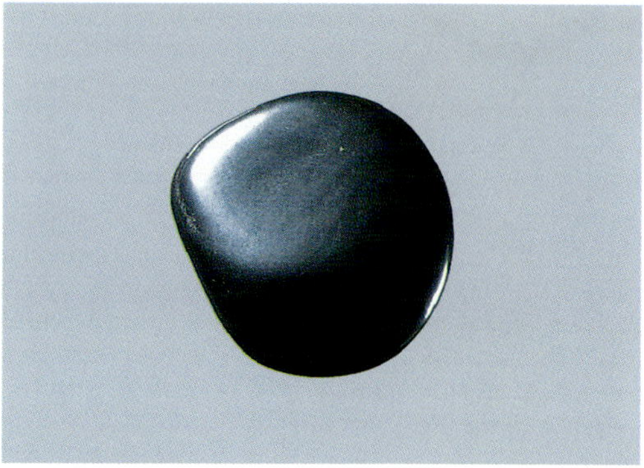

Der äußerlich eher unscheinbare Hämatit gilt seit der Antike als Symbol für Mut und Tatkraft.

Heilende Wirkung

Auf den Körper

Der Hämatit wirkt in allen Bereichen, die mit dem Blut zu tun haben. Er wird besonders bei Blutarmut zur Anregung der Blutbildung empfohlen. Er sorgt für ein schnelleres Abklingen von Blutungen und Blutergüssen, wenn man ihn auf die betroffene Stelle legt. Auch bei unregelmäßigen und schmerzhaften Monatsblutungen hat sich der Hämatit bewährt. Ein Glas Hämatitwasser, morgens auf nüchternen Magen getrunken, trägt zur Versorgung des Körpers mit Eisen bei. Dabei kommt es zu einer besseren Sauerstoffversorgung des Bluts, was einen positiven Einfluss auf den ganzen Organismus hat. Auch bei Krampfadern und Gefäßverengungen wird der Hämatit eingesetzt. Er soll zudem ein ausgezeichneter Schutzstein gegen Erd- und Wasserstrahlungen sein. Tragen Sie den Stein möglichst häufig direkt auf der Haut. Für einen gesunden, tiefen Schlaf legen Sie ihn unter das Kopfkissen. Bei entzündlichen Prozessen im Körper ist vom Hämatit eher abzuraten.

Auf die Seele

Blut ist ein Symbol für das Leben schlechthin. So fördert der Hämatit Dynamik und Vitalität. Er macht seinem Träger unerfüllte Wünsche bewusst und gibt ihm die Kraft, sie in die Tat umzusetzen. Der Hämatit hilft auch in Krisenzeiten, denn er gibt Mut und aktiviert gleichzeitig die Willens- und Tatkraft.

Heliotrop

Mythologie

Der Name kommt aus dem Griechischen und bedeutet »der die Sonne zu wenden vermag«. Man glaubte, dass der Stein durch seine Heilkraft das Schicksal zum Guten wenden kann. Seine grüne Farbe sollte das Leben der gesamten Natur symbolisieren. Die roten Einsprengsel sah man als Blutstropfen an. Auf Hildegard von Bingen geht die Legende zurück, dass sie das vergossene Blut Christi seien, das zur Erinnerung an ihn in den Adern der Erde weiterfließt. Durch diesen Glauben wurde der Name »Jesusstein« oder »Hildegard-Jaspis« geprägt. Der Heliotrop galt als heiliger Schutzstein der Kreuzritter.

Sternzeichen

Der Heliotrop gibt dem Widder Kraft und Ausdauer für uneigennützige Taten. Den Krebs stärkt er im Vertrauen zu sich selbst und zu seiner Umgebung.

Chakra

Am stärksten wirkt der Heliotrop über das Herzchakra, doch er beeinflusst auch das Wurzel- und Sakralchakra.

Mineralogie

- *Farbe:* dunkelgrün mit Einschlüssen; undurchsichtig
- *Härte:* 6,5 bis 7
- *Formel:* SiO_2 + Al, Fe, Mg, OH

Der Heliotrop zählt zur Familie der Chalzedone, ist also ein Quarz. Seine flaschengrüne Farbe wird durch eingelagerte Chloridplättchen erzeugt. Die roten und gelben Flecken darin werden von Hämatit und anderen Eisenoxiden verursacht. Wichtige Fundstellen liegen in Indien, China, Australien, Brasilien, den USA und Madagaskar.

Steinpflege

Als Rohstein ist der Heliotrop nicht zu empfehlen, da beim Brechen des Steins sehr scharfe Kanten entstehen. In gemugelter Form ist er als Handschmeichler, Scheibe, Pyramide, Kugel, Kette und Anhänger erhältlich. Erst das Polieren bringt diesen Stein zum Glänzen, ansonsten ist er matt und relativ unscheinbar. Zum Entladen sollte er nach jedem Gebrauch unter fließend warmes Wasser gehalten werden. Ketten werden in einer Schale mit Hämatittrommelsteinen entladen. Zum Aufladen legen Sie den Heliotrop am besten in die Sonne oder zu einer Bergkristallgruppe.

Seine farbigen Einschlüsse machen den Heliotrop zu einem Symbol der Harmonie und der gegenseitigen Toleranz.

Heilende Wirkung

Auf den Körper

Der Heliotrop wird gern bei Herzschmerzen und Herzrhythmusstörungen eingesetzt. Er regt die Bluterneuerung genauso an wie den Lymphfluss. Damit ist er ein idealer Stein zur Steigerung der körpereigenen Abwehr bei akuten Infektionen und bei der Entgiftung. Eitrige Prozesse klingen ab und die Lunge wird wieder frei. Da der Heliotrop auch auf die Muskeln wirkt, kann er sowohl Krampfadern als auch Wadenkrämpfe und Ischiasschmerzen lindern. Frauen bewahrt er vor Unterleibserkrankungen. Er beugt während der Schwangerschaft einem Eisenmangel vor und erleichtert insgesamt diese für die werdende Mutter beschwerliche Zeit. Er ist aber auch ein idealer Begleiter des Neugeborenen, dessen junges Leben er wirksam schützt.

Auf die Seele

Der Heliotrop ist ein Stein des Ausgleichs. Bei Gereiztheit und Aggressivität entfaltet er eine harmonisierende Wirkung. Demjenigen, der sich zu sehr verausgabt hat, bringt er neue Lebenskraft. Für ein ausgeglichenes Wesen ist tiefer und erholsamer Schlaf die beste Voraussetzung. Ein Heliotrop unter dem Kopfkissen ist eine gute Einschlafhilfe. Er bewahrt auch vor unruhigem Schlaf und Alpträumen. Im Wachzustand sorgt er nicht nur für eine gesteigerte Konzentrationsfähigkeit, sondern auch für mehr Vitalität und Lebenslust.

Jade

Mythologie

Die Jadeverehrung in China reicht einige Jahrtausende zurück. Dieser Stein nimmt dort bis heute einen der ersten Plätze unter den Glücks- und Heilsteinen ein. Zeitweise war Jade so begehrt, dass ihr Wert höher eingeschätzt wurde als Gold. Sie repräsentierte die Haupttugenden Weisheit, Gerechtigkeit, Barmherzigkeit, Bescheidenheit und Mut. Im alten Ägypten schnitzte man den glückbringenden Skarabäus aus Jade. Sie galt als Stein des Friedens und verhieß innere Harmonie. Man schrieb ihr die Kraft zu, Liebe zu erwecken. Noch heute glaubt man in Ägypten, dass Jade die Fähigkeit verleiht, Träume zu deuten.

Sternzeichen

Jade wird dem Krebs, der Waage und den Fischen, aber auch der Jungfrau und dem Wassermann zugeordnet.

Chakra

Bei Nierenleiden wird Jade auf das Sakralchakra aufgelegt. Ansonsten kommen das Nabel- und Stirnchakra in Betracht.

Mineralogie

- *Farbe:* helles Lindgrün bis dunkles Flaschengrün, selten auch fliederfarben, gelb oder schwarz
- *Härte:* 6,5 bis 7
- *Formel:* $NaAl[Si_2O_6]$

Jade ist eigentlich eine Sammelbezeichnung für Jadeit und Nephrit, zwei in Aussehen und Eigenschaften sehr ähnliche Mineralien. Jadeit ist sehr selten, er bildet sich bei der Verwandlung von basischem Gestein. Durch Manganeinschlüsse entsteht die noch seltenere Lavendeljade. Die grüne Jade erhält ihre Farbe durch Einlagerung von Chrom. Ihre Fundorte liegen in China, Burma, Kanada, Schlesien, Mexiko und Ägypten.

Steinpflege

Jade gibt es als Trommelstein, Schmuck und Handschmeichler, häufig werden auch Kunst- oder Gebrauchsgegenstände aus ihr hergestellt. Mit Rohsteinen kann man Heilwasser herstellen. Einen Jadestein entlädt man nach Bedarf. Wenn er stumpf wird oder sich auf der Haut nur langsam erwärmt, hält man ihn unter fließendes Wasser. Anschließend lädt man ihn in einer Gruppe von Amethysttrommelsteinen auf.

Die Jade gilt seit alters als Glücksbringer und symbolisiert darüber hinaus Wahrheit und Gerechtigkeit.

Heilende Wirkung

Auf den Körper

Vom ursprünglich spanischen Namen des Steins, der so viel bedeutet wie Stein für die Weichseite leitet sich seine Heilwirkung vor allem auf die Nieren ab. Er sorgt für eine ausgeglichene Balance von Wasser und Salz sowie von Säuren und Basen im Körper, da er die Nierentätigkeit anregt. Trinken Sie dazu morgens ein Glas Jadewasser auf nüchternen Magen. Durch diese Maßnahme wird der Organismus auch entgiftet. Jade wirkt blutstillend und wird deshalb während der Geburt eingesetzt. Sie erhöht die Wahrscheinlichkeit einer Empfängnis. Tragen Sie in beiden Fällen Jadeketten direkt am Körper. Jade stärkt das Herz und den Kreislauf und regt zudem das Nervensystem an. Dies führt zu einer verbesserten Reaktionsfähigkeit. Jade sollte vor dem Einschlafen etwa 20 Minuten auf die Stirn gelegt werden.

Auf die Seele

Die Jade ist ein Stein des Ausgleichs. Den Nervösen beruhigt sie, dem passiven und antriebsschwachen Menschen führt sie Energie zu. Jade bringt ihren Träger der Selbstverwirklichung näher. Sie macht zufrieden, gerecht und baut Vorurteile ab. Jade regt dazu an, das eigene Leben kreativer zu gestalten. Sie stärkt die Tatkraft und die geistige Aktivität. Jade bewirkt, dass Entschlüsse schneller in die Tat umgesetzt werden. Sie ist der Stein der Liebe und der Harmonie.

Jaspis

Mythologie

Der Jaspis war schon in der Antike sehr begehrt. Er sollte seinem Träger innere Zufriedenheit und Glück in der Ehe einbringen. Alte indische Lehren bezeichnen ihn als Mutter aller Edelsteine. Bei den Indianern galt der gelbe Jaspis als Regenzauberstein und als Heilmittel für Nieren-, Leber- und Gallenblasenerkrankungen. Der rote Jaspis wird in der Bibel erwähnt und besitzt auch für die jüdische Kultur eine große Bedeutung. Es wird behauptet, dass Jaspis einer der Grundsteine der Stadt Jerusalem gewesen sei. Für Hildegard von Bingen symbolisierte der Jaspis zum einen Wärme, zum anderen Veränderung.

Sternzeichen

Der Jaspis steht bei der Jungfrau für Erdbezogenheit und unterstützt uneigennütziges Handeln. Beim Steinbock fördert er Ausdauer und Beharrlichkeit.

Chakra

Roter Jaspis wirkt besonders gut über das Wurzelchakra; gelben Jaspis sollte man auf das Nabelchakra auflegen.

Mineralogie

- *Farbe:* gelb, rot, rotbraun, grün; undurchsichtig
- *Härte:* 7
- *Formel:* SiO_2 + Fe, O, OH, Si

Jaspis gehört zur Gruppe der Chalzedone und ist ein feinkörniger Quarz mit einer Reihe von eingelagerten Fremdstoffen. Die drei »klassischen« Jaspisvertreter sind gelber, roter und grüner Jaspis. Die gelbe Färbung wird durch zweiwertiges Eisen herbeigeführt, die rote durch dreiwertiges Eisen; die grüne Farbe hingegen entsteht durch Eisensilikat. Jaspisfundstellen in Deutschland liegen im Schwarzwald und in Idar-Oberstein. Jaspis ist jedoch sehr verbreitet und findet sich auf allen Kontinenten.

Steinpflege

Jaspis gibt es geschliffen und poliert als Schmuckstein und zum Auflegen. Der Stein kann nur bei direktem Hautkontakt wirken. Rohsteine eignen sich zum Herstellen von Heilsteinwasser. Jaspis sollte nach jedem Gebrauch unter fließend warmem Wasser entladen werden. Er kann in der Sonne nicht aufgeladen werden. Man legt ihn am besten über Nacht in eine Schale mit Hämatittrommelsteinen.

In Indien glaubt man, dass der Jaspis alle anderen magischen Steine hervorbringt. Er schenkt Mut und Willenskraft.

Heilende Wirkung

Auf den Körper

Der rote Jaspis ist ein kraftvoller Stein und gehört zur Grundausstattung einer Steinapotheke. Er kann Blutungen zum Stillstand bringen. Bei Nasenbluten empfiehlt es sich, den Stein auf die Stirn zu legen. Roter Jaspis regt den Kreislauf und den Energiefluss an. Deshalb wird er gern bei Problemen im Sexualbereich eingesetzt. Steine, die farblich ins Bräunliche tendieren, eignen sich zum Auflegen auf die Verdauungsorgane. Sie helfen gegen Völlegefühl, Blähungen und sogar Brechreiz. Bei Verdauungsproblemen sollte man zusätzlich nach den Mahlzeiten ein Glas Jaspiswasser trinken. Gelber Jaspis hilft besonders gegen Erkrankungen der Gallenblase, der Nieren und der Leber. Er unterstützt die Entgiftungsarbeit dieser Organe und stabilisiert somit auch das körpereigene Abwehrsystem. Der Jaspis ist auch ein Stein für Frauen in den Wechseljahren, da er auf die Thymusdrüse wirkt.

Auf die Seele

Jaspis stärkt das Selbstvertrauen und schenkt den Mut, Konflikte auszutragen und nicht zu unterdrücken. Er hilft dabei, Dinge in Angriff zu nehmen, die man lange vor sich hergeschoben hat. Besonders der rote Jaspis stärkt die Willenskraft. Der gelbe Jaspis hingegen schenkt Durchhaltevermögen. Von ihm geht eine eher ruhige Wirkung aus, während die rote Variante des Steins für Vitalität und Dynamik steht.

Kalzit

Mythologie

Dieser Stein, der sich einfach zermahlen lässt, wird als Kalk seit Jahrtausenden in der Volksheilkunde verwendet. Man nützte ihn vorwiegend als Zusatz für Salben und Pasten gegen Hautausschläge, Geschwüre und Warzen. Die Indianer sprachen den einzelnen Farbvarianten des Kalzits unterschiedliche Eigenschaften zu. Sie glaubten, dass der hellrote Orangenkalzit Sonnenkraft speichere, um den Menschen auch nachts vor bösen Geistern zu schützen. Der blaue Kalzit war für sie ein Geschenk des Himmels, das an heißen Tagen auf die Erde herabfiel und den Menschen Kühlung brachte. Auch Hildegard von Bingen kannte Kalk als Heilmittel. Gebrannten Kalk verwendete sie zur Desinfektion von Wunden und bei Infektionen.

Sternzeichen

Der Kalzit passt gut zum traditionsbewussten Steinbock.

Chakra

Je nach Farbe wirken Kalzite über das Halschakra (blau) oder das Herzchakra (grün).

Mineralogie

- *Farbe:* weiß, rosa, gelb, grün blau; leicht durchscheinend
- *Härte:* 3
- *Formel:* $CaCO_3$

Der Kalzit ist ein häufig vorkommendes Mineral aus der Gruppe der Karbonate. Er entstand in nahezu allen geologischen Zeitaltern und ist überall in der Erdkruste zu finden. Viele Kalksteine sind marinen Ursprungs und Resultate von Verwitterungsprozessen. Kalzit entsteht aus kalkhaltigen Lösungen und kann in Kluften und Drusen auch große Kristalle ausbilden. Die Farbvarianten kommen durch Beimengungen anderer Elemente zustande. Der Kalkstein wird bei ca. 1300 °C zu Kalk gebrannt. Klarer, großkristalliner Kalzit weist eine optische Doppelbrechung auf, weshalb er auch in optischen Instrumenten verwendet wird.

Steinpflege

Der Kalzit wird meist als Rohstein oder gemugelter Trommelstein angeboten, es gibt ihn aber auch zu Schmuck verarbeitet. Man entlädt ihn unter fließendem Wasser oder in einer Schale mit Hämatittrommelsteinen. Aufgeladen wird der Stein in einer Bergkristallgruppe.

Der Kalzit steht für gesundes Wachstum und Stabilität. Er begünstigt positive Veränderungen.

Heilende Wirkung

Auf den Körper

Kalzit ist der Heilstein mit dem größten Kalziumanteil. Kalzium ist einer der wichtigsten Bausteine für unsere Knochen, weshalb die Naturmedizin Kalzit gern in diesem Bereich einsetzt. Kalzit festigt die Knochen und stärkt die Bandscheiben. Die regelmäßige Einnahme von Kalzitwasser intensiviert diese Wirkung. Menschen mit brüchigen Knochen (Osteoporose) sollten auf diesen Stein nicht verzichten. Auch nach Knochenoperationen kann er hilfreich sein. Für Kinder und Jugendliche ist der Kalzit ein unentbehrlicher Schutzstein. Er sorgt für ein gesundes Knochenwachstum und bewahrt vor Wirbelsäulenschäden und Skelettverformungen. Kalzitwasser hat natürlich auch einen positiven Einfluss auf Nägel, Haare und Zähne. Der grüne Kalzit normalisiert bei niedrigem Blutdruck den Herzrhythmus und stärkt das Herz. Er soll außerdem die Überfunktion von Schweiß- und Talgdrüsen regulieren.

Auf die Seele

Auf den Seelenzustand wirkt der Kalzit ebenfalls stark stabilisierend. Er verhilft zu mehr Standhaftigkeit und stärkt das Selbstvertrauen. Kalzit beschleunigt Entwicklungen. Trägen und unentschlossenen Menschen gibt er Antrieb, so dass sie in der Lage sind, lang gehegte Ideen in die Tat umzusetzen. Kalzit wirkt positiv auf das Unterscheidungsvermögen und auf das Gedächtnis.

Karneol

Mythologie

In der Antike war der Karneol einer der wertvollsten Schmucksteine. Für die Ägypter symbolisierte er Erneuerung und Lebenskraft, weshalb sie ihn ihren Toten mit ins Grab gaben. Sein Name ist von »corneolus«, dem lateinischen Wort für Kirsche, abgeleitet. Mit seiner roten Farbe erinnerte er die alten Griechen an den abendlichen Untergang der Sonne, deren Wiederkehr er symbolisierte. Hildegard von Bingen beschrieb den Stein in seiner rotbraunen Variante und empfahl seine Verwendung bei Kopfschmerzen. Wegen seiner Farbe schrieb sie ihm auch die Fähigkeit zu, Blutungen zu stillen.

Sternzeichen

Dem Stier gibt dieser Stein Kraft. Den Widder holt er auf den Boden der Realität zurück, und beim Zwilling sorgt er für mehr Lebendigkeit und Offenheit.

Chakra

Wegen seiner positiven Wirkung auf den Unterleib eignet sich der Karneol zum Auflegen auf das Wurzel- und Sakralchakra.

Mineralogie

- *Farbe:* kräftiges Orangerot bis Dunkelrot und Rotbraun; etwas durchscheinend
- *Härte:* 6,5 bis 7
- *Formel:* SiO_2 + Fe, O, OH

Der Karneol ist wie der Chalzedon ein Quarz. Eisen verleiht ihm seine rote Farbe. Der Karneol entsteht in basischem und saurem Vulkangestein. Die rotbraune Variante wird auch Sarder genannt. Die Farbverteilung kann gleichmäßig, wolkig oder auch fleckig sein. Durch Brennen können die Farben verändert werden. Die wichtigsten Fundorte sind Australien, Südafrika, Brasilien, Indien und Uruguay.

Steinpflege

Karneol ist in verschiedenen Formen erhältlich. Man kann ihn als Rohstein erwerben und im Zimmer aufstellen oder als Handschmeichler, Schmuck- und Trommelstein mit der Haut in Kontakt bringen. Der Karneol sollte einmal im Monat unter fließend warmem Wasser entladen werden. Ketten legt man über Nacht in eine Schale mit Hämatittrommelsteinen. Das Aufladen in der Sonne ist zeitlich nicht begrenzt, da der Karneol nicht überladen werden kann.

Der Karneol steht für Optimismus und Lebensfreude. Die alten Griechen sahen in ihm ein Symbol der Leben spendenden Sonne.

Heilende Wirkung

Auf den Körper

Der Karneol stillt Blutungen, regt aber auch den Blutkreislauf an. Menschen, die oft kalte Füße haben, sollten eine Karneolkette direkt auf der Haut tragen. Die weiblichen Geschlechtsorgane können bei Beschwerden und in der Schwangerschaft durch Auflegen eines Trommelsteins über dem Schambein (20 Minuten) positiv beeinflusst werden. Der Karneol sorgt für eine Erneuerung des Bluts, indem er die Milz kräftigt. Dieses Organ des Lymphsystems ist sehr wichtig für die Bildung von Antikörpern. Somit stärkt der Karneol auch das Immunsystem. Indem das Blut mit Sauerstoff angereichert wird, erhält man eine schönere und straffere Haut. Magen, Darm, Leber und Nieren werden durch den Karneol in ihrer Funktion unterstützt. Mundspülungen mit Karneolwasser sind hilfreich bei Parodontose und Zahnfleischbluten. Als Badezusatz wirkt der Karneol allgemein regulierend und stimulierend.

Auf die Seele

Der Karneol gibt seinem Träger Mut und vergrößert das Durchhaltevermögen, zugleich stärkt er die Lebensfreude. Neben einer optimistischeren Sicht der Dinge schenkt der Karneol auch die Fähigkeit, Probleme aktiv anzugehen und zu lösen. Er schärft den Realitätssinn und hilft dabei, energisch für eine Sache einzutreten, auch wenn sich daraus Konflikte ergeben.

Koralle

Mythologie

Die Koralle ist seit Menschengedenken ein magischer Schutzstein. Im alten Ägypten legte man sie Herrschern und Hohepriestern ins Grab. Sie sollte einen leichteren Übergang ins Reich des Todes gewährleisten. Die Farbe und Form der Koralle führten auch zu der Vorstellung, dass in ihr ein göttlicher Blutstropfen wirke, welcher dem Träger der Koralle Glück und Reichtum beschert. Schon sehr früh wurde die Koralle aber auch als Heilstein eingesetzt, und zwar meist in Verbindung mit Erkrankungen des Bluts oder zur Unterstützung von Wachstumsprozessen.

Sternzeichen

Waage und Fische können sich von der Koralle mehr Standfestigkeit im Gefühlsleben erwarten. Dem Stier verleiht sie generell mehr Sicherheit im täglichen Handeln.

Chakra

Je nach Farbe wird die Koralle auf das Wurzelchakra (rot), das Herzchakra (rosa) oder das Nabelchakra (schwarz) aufgelegt.

Mineralogie

- *Farbe:* rosa, hellrot bis fast rostrot, weiß und schwarz
- *Härte:* 3 bis 4
- *Formel:* $CaCO_3$

Korallen sind keine Mineralien, sondern Skelette von Meereslebewesen, also organischen Ursprungs. Sie dienen kleinen Polypen als Stützgerüst. Mit der kalkhaltigen Substanz, die diese Polypen ausscheiden, bauen sie im Lauf von Jahrtausenden ganze Korallenriffe auf. Diese Unterwasserwelten gehören mit ihrer bunten Artenvielfalt zu den größten Naturwundern unserer Erde. Korallenriffe sind in allen warmen Meeren der Erde zu finden; die begehrte rote Koralle findet man rund um Japan, Australien und die Kanarischen Inseln sowie im östlichen Mittelmeer.

Steinpflege

Kaufen Sie Korallen nur bei einem Händler Ihres Vertrauens, damit Sie keine Fälschung nach Hause tragen. Korallen gibt es in Naturform oder zu Kugeln geschliffen und poliert. Korallenzweige eignen sich zum Aufstellen. Entladen werden Korallen einmal pro Monat in einer Schale mit Meersalz. Längere Sonneneinstrahlung macht sie spröde.

Die Koralle schützt werdendes Leben und wehrt Angriffe auf das seelische Gleichgewicht ab. Im Mythos steht sie für göttliches Blut.

Heilende Wirkung

Auf den Körper

Rote Koralle wirkt positiv auf die Blutbildung und schützt vor Infektionen. Sie bewahrt das ungeborene Leben in der Wachstumsphase vor Missbildungen und erleichtert die Geburt. In vielen Kulturen ist es üblich, Kindern eine Korallenkette zur Geburt zu schenken. Sie soll ein gesundes Wachstum und auch eine positive geistige Entwicklung bewirken. Die Koralle wird auch gern bei anderen Beschwerden, die mit dem Blut zusammenhängen, eingesetzt, so z. B. bei Kreislaufproblemen, Durchblutungsstörungen und Bluthochdruck. Sie lindert Menstruationsbeschwerden und fördert gleichzeitig den Sexualtrieb. Die Koralle wird auch bei Unfruchtbarkeit empfohlen. Frauen in den Wechseljahren sollten sehr häufig Korallenschmuck direkt auf der Haut tragen. Wegen ihres hohen Kalziumanteils beugt die Koralle im Alter der Knochenbrüchigkeit (Osteoporose) vor.

Auf die Seele

Die rote Koralle stärkt die Liebesfähigkeit und das Bedürfnis nach Partnerschaft. Sie bewirkt, dass man auch weniger nahe stehenden Menschen offener und freundschaftlicher begegnet. Wer Schwierigkeiten hat, sich selbst zu akzeptieren, sollte Koralle tragen. Sie macht unempfindlicher gegen den Neid und die Missgunst anderer Menschen und stellt so einen wirksamen Schutz vor negativen Energien dar.

Kupfer

Mythologie

Der Name leitet sich vom lateinischen »(aes) cyprium« ab, was von Zypern stammendes (Erz) bedeutet. Kupfer ist seit seiner Entdeckung für die materielle Kultur des Menschen sehr wichtig. Es war das erste Metall, das man durch einen metallurgischen Prozess gewann. Kupfer diente zur Herstellung von Waffen, Gefäßen, Beschlägen und später auch von Münzen. Die im Mittelalter wieder entdeckte und weiterentwickelte Alchimie der alten Griechen wies Metalle einzelnen Gottheiten und damit Planeten zu. Kupfer stand für die Venus. In der heutigen technisierten Welt ist das Metall aus unserem Leben nicht mehr wegzudenken. Kein elektrisches Kabel kommt z. B. ohne Kupfer aus.

Sternzeichen

Kupfer wird keinem speziellen Sternzeichen zugeordnet.

Chakra

Kupfer wirkt auf alle Chakren reinigend und harmonisierend. Für die Meditation empfiehlt sich das Wurzel- oder Sakralchakra.

Mineralogie

- *Farbe:* orangerot glänzend
- *Härte:* 2 bis 3
- *Formel:* Cu

Kupfer ist ein weiches und sehr dehnbares Schwermetall. Nach Silber ist es der beste Strom- und Wärmeleiter. Durch Feuchtigkeit oxidiert es und erhält die als Grünspan bekannte Patina. Kupfer liegt meistens in mineralogischen Verbindungen mit geringem Metallgehalt vor. Es muss für die Weiterverarbeitung angereichert werden. Man verwendet es auch für Legierungen. So ist z. B. Bronze eine Verbindung aus Messing und Kupfer. Die wichtigsten Fundorte befinden sich in den USA, Kanada, Chile, Simbabwe, Sambia, Zaire und den Nachfolgestaaten der Sowjetunion.

Pflege

Kupfer gibt es als große und kleine Nuggets, als Armreifen und, seltener, als Anhänger. Ganz wichtig ist, dass es sich um reines Kupfer handelt, das nicht durch metallurgische Prozesse verändert wurde. Zum Reinigen und Entladen legt man es über Nacht in eine Schale mit Hämatittrommelsteinen. Und als Metall empfängt es natürlich von der Sonne wieder die höchste Energie.

Kupfer hat nicht die Majestät des Goldes, es steht aber für Ausdauer und Entscheidungskraft.

Heilende Wirkung

Auf den Körper

Kupfer wird zur Entspannung von Nerven und Muskeln eingesetzt. Es wirkt ausgleichend auf die Nervenzentren im Gehirn und schützt die Nervenbahnen. Muskelverspannungen und Gelenkbeschwerden, die mit rheumatischen Erkrankungen zusammenhängen, kann es in vielen Fällen lindern. Auf Waden- oder auch Gesichtskrämpfe wirkt Kupfer ebenfalls entspannend. Es beeinflusst das Blut und den Blutkreislauf sehr positiv und steuert über diesen bestimmte Hormone und Vitamine. Kupfer trägt zu einer Stärkung des Immunsystems bei und schützt vor grippalen Infekten und Fieber. Menstruationsbedingte Schmerzen und Krämpfe im Unterleib können durch Kupfer gelöst werden. Auch bei Blutarmut wird es eingesetzt. Kupfer ist ein wirksames Mittel gegen Erd- und Wasserstrahlen. Wer unter Schlaflosigkeit leidet, sollte sich ein Kupfernugget unter die Matratze oder unter das Kopfkissen legen.

Auf die Seele

Kupfer stärkt die Persönlichkeit seines Trägers. Es schenkt Selbstvertrauen und stärkt den Mut. Schwere und lange aufgeschobene Entscheidungen können mit seiner Hilfe endlich gefällt werden. Kupfer soll im Kontakt mit anderen zu mehr Offenheit und Ehrlichkeit beitragen. Man sagt von ihm, dass es sowohl seinem Träger als auch dessen Gegenüber die Wahrheit entlockt.

Lapislazuli

Mythologie

Schon vor gut 7000 Jahren wurde Lapislazuli zu Schmuck verarbeitet und zum Heilen eingesetzt. Sein Name setzt sich aus dem lateinischen Wort »lapis« für Stein und dem arabischen Wort »azul« für Himmel zusammen. Und die goldfarbenen Pyriteinschlüsse im Lapislazuli erinnern tatsächlich an Sterne in einer klaren Nacht. Der Stein galt bei den alten Römern und Griechen als Verkörperung der Himmelsmacht und wurde von ihren Herrschern als Schutzstein getragen. Er sollte ihnen zu den richtigen Entschlüssen verhelfen, weshalb man ihn auch als Stein der Weisheit verehrte. Lapislazuli schmückte auch Altäre und Tempel, da seine blaue Farbe Gottesnähe symbolisierte.

Sternzeichen

Schütze und Jungfrau verhilft der Lapislazuli zu einer besseren Selbsteinschätzung und Erkenntnis der Außenwelt.

Chakra

Über das Stirn- und Halschakra wirkt der Lapislazuli am besten.

Mineralogie

- *Farbe:* azurblau, aber auch hellblau; undurchsichtig
- *Härte:* 5 bis 6
- *Formel:* $Na_8[S\,|\,(Al\,Si\,O_4)_6]$

Lapislazuli bildet sich bei der Verwandlung von Kalk in Marmor. Er ist ein schwefelhaltiges Natrium-Aluminium-Silikat. Lapislazuli enthält immer auch verschiedene andere Mineralien wie z. B. Diopsit, Glimmer, Kalzit, Pyrit oder Sodalith. Die wichtigsten Lagerstätten von Lapislazuli befinden sich in Afghanistan, den Nachfolgestaaten der Sowjetunion, Chile und den USA.

Steinpflege

Lapislazuli wird besonders gern zu Schmuck verarbeitet. Er ist als Kette, Anhänger, Armreifen oder Ring erhältlich. Daneben gibt es natürlich auch Trommelsteine und Handschmeichler sowie Rohsteine und Pyramiden zum Aufstellen. Aus Lapislazuli werden häufig auch Figuren geschnitzt. Je intensiver die Farbe des Steins ist, desto besser ist seine Heilwirkung. Entladen Sie den Stein einmal monatlich in einer Schale mit Hämatittrommelsteinen. Aufgeladen wird er über Nacht in einer Bergkristallgruppe. Sonne macht ihn brüchig.

Der Lapislazuli galt als Symbol des Himmels mit seinen Sternen, daher wurde er bevorzugt von Herrschern getragen.

Heilende Wirkung

Auf den Körper

Lapislazuli hat einen besonders starken Einfluss auf die verschiedenen Drüsen des Körpers, deren Funktionsfähigkeit er stärkt. Er wird auch gern bei Erkrankungen des Rachenraums und der Lunge eingesetzt. Dazu gehören besonders Beschwerden im Bereich der Speiseröhre, des Kehlkopfs und der Mandeln. Der Lapislazuli hat eine beruhigende Wirkung und kann zudem Krämpfe lösen. Er hilft daher bei Kopfschmerzen, Neuralgien und Gliederschmerzen. Er trägt zur Senkung des Blutdrucks bei und lindert Menstruationsbeschwerden. Ein Lapislazuli, der direkt auf dem Körper getragen wird, beugt Hauterkrankungen vor und lindert Reizungen. Hilfreich kann hier auch eine Einreibung mit Lapislazuliwasser sein. Lapislazuli verhindert Ablagerungen in den Gefäßen, wodurch das Risiko von Schlaganfällen und Infarkten verringert wird.

Auf die Seele

Der Lapislazuli ist ein Stein, der uns Vertrauen zu uns selbst und zu anderen Menschen schenkt. Er bringt unser Bedürfnis nach Freundschaft und Liebe zum Ausdruck und macht bindungsbereit in Partnerschaften. Er steigert die Kontaktfreudigkeit und hilft, Gefühle offen und ehrlich zu vermitteln. Konflikte lassen sich mit seiner Hilfe besser meistern. Der Lapislazuli fördert den klaren Verstand und die Intuition. Er verstärkt den Idealismus.

Magnetit

Mythologie

Der griechische Ausdruck »lithos magnetes« besagt, dass ein solcher Stein in der Lage ist, in seiner Umgebung ein Magnetfeld zu erzeugen. Er wird schon seit Jahrtausenden von Menschen genutzt. Natürlich wusste man seine besonderen Eigenschaften damals nicht zu deuten. Das, was wir heute bei einem Magneten als Plus- und Minuspol bezeichnen, nannte man damals weiblich und männlich. Die Gelehrten des Altertums beschrieben auf diese Weise die Anziehungskraft, die in einem magnetischen Feld herrscht. Später erhielt er die Bezeichnung »Magneteisenstein«, was dann einfach zu Magnet verkürzt wurde. Heilwirkungen des Magnetit sind seit dem Mittelalter bekannt. Hildegard von Bingen nahm ihn in ihre Sammlung von Heilsteinen auf.

Sternzeichen

Der Magnetit wird keinem speziellen Sternzeichen zugeordnet.

Chakra

Der Stein wirkt am intensivsten über das Scheitelchakra.

Mineralogie

- *Farbe:* schwarz und metallisch glänzend; undurchsichtig
- *Härte:* 5,5
- *Formel:* Fe_3O_4

Beim Magnetit handelt es sich um ein mehrfach konzentriertes Eisenoxid. Im Gegensatz zum Hämatit ist er magnetisch. Er entsteht durch Verwandlung von Magma und kann hydrothermalen Ursprungs sein. Das Magnetfeld, das er in seiner Umgebung aufbaut, entspringt beinahe ausschließlich den zwei Magnetpolen an seinen Enden. Bricht man einen Magnetstein in zwei Teile, bilden sich in jedem Stück sofort wieder die beiden Gegenpole. Lagerstätten befinden sich beinahe überall auf der Welt.

Steinpflege

Der Magnetit ist entweder als Rohstein oder als oktaedrischer Kristall erhältlich. Zuweilen wird er auch als Kettenanhänger angeboten. Eisen rostet in Verbindung mit Wasser, deshalb sollte ein Magnetit nie mit Wasser gereinigt werden. Man legt ihn stattdessen über Nacht in eine Schale mit Hämatittrommelsteinen. Danach ist der Stein neutralisiert und kann durch einen Magnetstab wieder gepolt werden.

Durch seine Polarität sorgt der Magnetit für seelische Ausgeglichenheit und Entspannung.

Heilende Wirkung

Auf den Körper

Der Magnetit wirkt durch seine magnetischen Eigenschaften auf den Hypothalamus. Dieser Teil unseres Zwischenhirns ist für übergeordnete Zentren des autonomen Nervensystems zuständig. Der Wärme-, Wasser- und Energiehaushalt des Körpers wird von hier aus gesteuert. Deshalb wirkt sich der Magnetit auch harmonisierend auf das Hunger- und Durstgefühl aus. Über die Hirnanhangsdrüse kann der Magnetit auch die Funktionen der anderen Körperdrüsen positiv steuern. Das Blut wird durch ihn gereinigt und der Blutzuckerspiegel reguliert. Mit seiner Hilfe bekommt man Entzündungen und Vergiftungen besser in den Griff. Der Magnetit löst Verkrampfungen und kann deshalb bei Ischiasbeschwerden, Wadenkrämpfen und Nackenverspannungen eine Besserung herbeiführen. Äußerlich wirkt er gegen Schweißausbrüche und unangenehmen Körpergeruch.

Auf die Seele

Der Magnetit ist ein Stein, der Wärme bringt und damit auch im seelischen Bereich für Entspannung sorgt. Er hilft dabei, innere Blockaden zu lösen. Kümmernisse, die man schon viel zu lange mit sich herumschleppt, können mit seiner Hilfe aus dem Weg geräumt werden, denn der Magnetit richtet seinen Träger stärker auf die Gegenwart aus. Er erleichtert es, von überholten Vorstellungen und Gewohnheiten Abschied zu nehmen.

Malachit

Mythologie

Der Malachit wurde immer als ein Stein der Frauen angesehen und galt in vielen Kulturen als Symbol einer weiblichen Gottheit. Er ist ein Repräsentant des Paradieses mit all seiner Schönheit und Sinnlichkeit, aber auch seiner Verführung. Der Stein stand also nicht nur für Glück und Liebe, sondern konnte seinem Träger auch das Gegenteil bescheren. Da er nicht sehr hart ist, begann man schon im alten Ägypten, ihn zu zermahlen. Den feinen grünen Staub verwendete man zur Herstellung von Farben und sogar als Lidschatten. Im Mittelalter wurde der Malachit vor allem bei Menstruationsbeschwerden und zur Erleichterung der Geburt eingesetzt.

Sternzeichen

Der Malachit wird dem Skorpion und der Waage zugeordnet. Er gilt außerdem als Glücksstein für Steinbock und Wassermann.

Chakra

Der Malachit wirkt über alle Chakren, am intensivsten jedoch über das Herzchakra.

Mineralogie

- *Farbe:* dunkelgrün; gebändert
- *Härte:* 3,5 bis 4
- *Formel:* $Cu_2[(OH)_2CO_3]$

Der Malachit ist ein Kupferkarbonat und entsteht in der Oxidationszone von kupferführenden Lagerstätten. Kohlensäurehaltiges Oberflächenwasser löst Kupfer aus dem Gestein heraus und verbindet sich mit ihm zu einem wasserreichen Kupferkarbonat. Immer wenn sich Kupfer im Boden befindet, stößt man auch auf Malachit. Die wichtigsten Fundorte liegen in Zaire, Namibia, Australien, Chile, in den USA und im Uralgebirge.

Steinpflege

Den Malachit bekommt man als Rohstein oder zu Handschmeichlern, Pyramiden und Schmucksteinen verarbeitet. Er eignet sich gut zum Herstellen von Heilsteinwasser. Da er sehr stark ist, muss er nicht unbedingt am Körper getragen werden. Einen Malachit sollte man nie der Sonne aussetzen. Hitze, aber auch Säuren und Seifen zerstören ihn. Man entlädt ihn in einer Schale mit Hämatiten, wobei es sich bewährt hat, ihn in ein Taschentuch einzuschlagen. In einer Bergkristallgruppe lädt er sich wieder auf.

Der Malachit ist in vielen Kulturen mit dem weiblichen Prinzip verbunden. Er stellt auch ein Symbol der Freundschaft dar.

Heilende Wirkung

Auf den Körper

Der Malachit wirkt durch Auflegen auf die betreffenden Körperstellen, so z. B. bei Beschwerden und Erkrankungen der Knochen und der Wirbelsäule. Bandscheibenprobleme, rheumatische Erkrankungen und Gelenkentzündungen kann er ebenfalls lindern. Bei chronischen Erkrankungen der Atemwege und Asthma wirkt er entkrampfend. Außerdem stärkt er den Herzmuskel. Der Malachit erhöht den Sauerstoffgehalt des Bluts und kann auch vor zu hohem Blutdruck schützen. Er stabilisiert und kräftigt das Herz-Kreislauf-System. Das Auflegen eines Malachits hilft bei Menstruationsbeschwerden und erleichtert die Geburt. Der Malachit steigert den Sexualtrieb und die Fruchtbarkeit. Bei Kindern fördert er die Entwicklung, weswegen man ihnen einen Malachit unters Kopfkissen legen sollte. Regelmäßige Augenspülungen mit Malachitwasser kräftigen die Sehnerven.

Auf die Seele

Der Malachit stärkt die Vorstellungskraft. Erinnerungen, Träume und Wünsche rücken stärker ins Bewusstsein und gewinnen an Plastizität. Er verstärkt das begriffliche Verstehen und sorgt für eine bessere Auffassungsgabe. Der Malachit macht seinen Träger offener für Kritik und steigert seine Konfliktfähigkeit. Er weckt Verständnis und hilft, sich in das Denken und Fühlen anderer Menschen hineinzuversetzen.

Mondstein

Mythologie

Der Name »Mondstein« verweist zum einen auf das Äußere des weißlichen, von Adern durchzogenen Steins. Zum anderen wurde dieser Stein schon früh dem Mond zugeordnet. Von jeher sah man in ihm einen Kraftstein, der die Energien des Mondes intensiviert. Weil er nachts zum Vorschein kommt, ist der Mond auch ein Symbol der Liebe. Deshalb galt der Mondstein immer auch als Stein der Fruchtbarkeit. In Indien, Sri Lanka und vielen arabischen Ländern wird der Mondstein noch heute als Familienstein angesehen, der Kinderreichtum und hingebungsvolle Liebe bewirkt. Viele Frauen nähen dort in ihre Nachthemden Mondsteine ein, um schwanger zu werden.

Sternzeichen

Den Schützen spornt der Stein zu Kreativität an, während er den Fisch empfänglicher für die Außenwelt macht.

Chakra

Der Mondstein wird am besten auf das Sakralchakra aufgelegt.

Mineralogie

- *Farbe:* weißlich, gelblich bis grau und hellbraun, auch hellblau; durchscheinend
- *Härte:* 6 bis 6,5
- *Formel:* $K[AlSi_3O_8]$

Der Mondstein gehört zur großen Gruppe der Feldspate. Wenn sich beim geschliffenen Stein das Licht an seiner inneren Lamellenstruktur bricht, beginnt er zart zu schimmern. Er wird als Alkalifeldspat spezifiziert und stellt eine Variante des Orthoklas dar. Lagerstätten von Mondstein befinden sich in Brasilien, Sri Lanka, Madagaskar und in den USA.

Steinpflege

Den Mondstein gibt es als Handschmeichler, Trommelstein, Anhänger, Kugel oder als Kettenglied. Eine farblich gemischte Kette ist nicht nur ein interessanter Blickfang, sondern erhöht noch die energetische Kraft des Mondsteins. Zum Entladen legt man Mondsteinketten und Anhänger am besten einmal im Monat in eine Schale mit Hämatittrommelsteinen. Größere Steine sollte man nach jeder Anwendung unter fließendem Wasser reinigen. Zum Aufladen genügt es, Mondsteine über Nacht dem Licht des Vollmonds auszusetzen.

Der Mondstein ist ein Frauen- und Familienstein. Er entfaltet eine besonders positive Wirkung auf die Weiblichkeit.

Heilende Wirkung

Auf den Körper

Der Mondstein wirkt besonders intensiv auf die weiblichen Geschlechtsorgane. Durch seinen Einfluss auf die Hypophyse kann er den Hormonhaushalt regulieren. Er fördert dadurch die Fruchtbarkeit und hilft bei Menstruationsbeschwerden. In vielen Lebensphasen einer Frau ist er der geeignete Begleiter, vor allem während der Schwangerschaft und im Klimakterium. Auch hier führen Schwankungen im Hormonhaushalt bisweilen zu Stimmungstiefs, denen der Mondstein abhelfen kann. Er wirkt auf das gesamte Drüsensystem. Während der Stillzeit direkt am Körper getragen, hat der Mondstein einen positiven Einfluss auf die Milchproduktion in den Brustdrüsen. Über die Schilddrüse regt er den Stoffwechsel an. Im Darmtrakt sorgt er für eine bessere Verdauung der Nahrungsmittel.

Auf die Seele

Der Mondstein fördert die oft als weiblich bezeichneten Eigenschaften Intuition und Feinfühligkeit. Er macht offen für spontane Einfälle. Dies kann den Alltag bereichern und auch einmal zu unsinnigen Aktionen führen, zu denen man dann trotzdem steht. Der Mondstein ist ein guter Stein für die Meditation, denn er fördert Harmonie und Gefühlstiefe. Mit Hilfe des Mondsteins kann man sich besser an seine Träume erinnern. Er schenkt seelische Ausgeglichenheit und relativiert unbegründete Ängste.

Obsidian

Mythologie

Archäologische Ausgrabungen belegen, dass in der frühen Steinzeit Obsidianklingen verwendet und den Menschen mit ins Grab gelegt wurden. Für die Griechen symbolisierte dieser Stein Erdhaftung. Er sollte seinen Träger von Tagträumen und zu viel Grübelei abhalten. Der Obsidian spielte auch bei der Dämonenaustreibung eine Rolle. Sein Name geht angeblich auf einen Römer namens Obsius zurück, der ihn in Äthiopien gefunden haben soll. Eine große Bedeutung hatte der Stein bei den Indianern Mittelamerikas. Die Priester der Mayas sollen zu Spiegeln geschliffenen Obsidian zum Wahrsagen verwendet haben. Zudem galt er als ein Schutzstein, der seinen Träger vor Übel bewahren konnte.

Sternzeichen

Der Obsidian wird dem Steinbock zugeschrieben. Dem Skorpion ermöglicht er einen besseren Zugang zum Unterbewusstsein.

Chakra

Der Obsidian wirkt besonders intensiv über das Stirnchakra.

Mineralogie

- *Farbe:* silbrig grau bis schwarz, braun, auch bunt schillernd
- *Härte:* 5 bis 5,5
- *Formel:* $SiO_2 + Fe_2O_3 + H_2O$

Der Obsidian entsteht, wenn kieselsäurereiche Lava sehr schnell abkühlt. Fein verteilte Gasbläschen lassen ihn silbrig schimmern. Eingeschlossene Wasserbläschen reflektieren beim Regenbogenobsidian das Licht in allen Farben des Lichtspektrums. Der so genannte Schneeflockenobsidian enthält kleine Feldspatkristalle. Fundorte liegen in den USA rund um den Mount St. Helens, in Island, Mexiko, auf Hawaii und den Liparischen Inseln.

Steinpflege

Der Schneeflockenobsidian ist in vielfältigen Formen zum Aufstellen (gemugelt oder zu Formen geschnitzt) und als Schmuckstein (Anhänger, Kettenglied) erhältlich. Der sehr viel seltenere Gold- oder Regenbogenobsidian wird meist nur als Kugel, Linse oder Cabochon angeboten. Obsidiane sollten regelmäßig unter fließend warmem Wasser entladen werden, Ketten über Nacht in einer Schale mit Hämatittrommelsteinen. Zum Aufladen legt man Obsidiane direkt in die Sonne.

Mit einem Obsidian kann man sich getrost allen Kämpfen des Lebens stellen. In der Steinzeit wurde er zu Werkzeugen verarbeitet.

Heilende Wirkung

Auf den Körper

Der Obsidian ist ein Stein gegen Verspannungen und energetische Blockaden. Bei Verletzungen trägt er zum Stillen der Blutung bei und leitet die Wundheilung ein. Zugleich sorgt der Obsidian für eine bessere Durchblutung des Körpers, er versorgt das Blut mit ausreichend Sauerstoff und beugt Ablagerungen in den Gefäßen vor. Auch bei Erkrankungen der Haut wird er gern eingesetzt. Durch Viren hervorgerufene Infektionen wie Herpes, Windpocken, Masern, aber auch Hautpilz vermag der Obsidian zu lindern. Dies gilt auch für Entzündungsherde im Körperinneren, besonders im Bereich der Verdauungsorgane. Der Schneeflockenobsidian ist ein wichtiger Stein für das Knochengerüst und die Wirbelsäule.

Auf die Seele

Der Obsidian wirkt bei Ängsten, Schocks und traumatischen Zuständen entkrampfend. Er schützt vor negativen geistigen Einwirkungen und kann sogar starre Fixierungen lockern. Erlebtes wird mit seiner Hilfe aktiviert und bewusst gemacht und kann so besser verarbeitet werden. Damit werden auch weniger helle Seiten des Ich integriert. Der Obsidian hilft auch dabei, eingefahrene Verhaltens- und Denkmuster aufzugeben und das Bewusstsein zu erweitern. Er schärft die Sinne und den Verstand. Ein Obsidian soll seinen Träger vor falschen Freunden bewahren.

Onyx

Mythologie

Die dunkle Farbe des Onyx gab schon früh Anlass zu den verschiedensten Zuschreibungen und Deutungen. Die Indianer glaubten, er könne sie vor schwarzer Magie und sogar vor der Pest schützen. Die alten Griechen sahen in ihm eher einen stummen Helfer in Liebesdingen. Und im Mittelalter glaubte man, der Onyx würde Ängste, Traurigkeit und Wahnsinn hervorbringen. Hildegard von Bingen sah ihn positiver: »Der Onyx hat nicht die Hitze des Feuers, sondern er besitzt die Wärme der Luft und hat seinen Ursprung aus der Sonnensubstanz.« Sie setzte ihn gern bei Augenschwäche und bei fiebrigen Infekten ein.

Sternzeichen

Der Onyx lässt den Wassermann die Welt um ihn herum gelassen entdecken und erforschen.

Chakra

Schwarz ist bekanntlich keine Farbe, deshalb wird der Onyx meist zusammen mit anderen Heilsteinen aufgelegt. Er eignet sich für alle Chakren.

Mineralogie

- *Farbe:* schwarz
- *Härte:* 7
- *Formel:* SiO_2 + C, Fe

Die Edelsteinkunde reiht den Onyx in die Gruppe der Chalzedone ein. Seine Farbe erhält er durch Eisen- und Kohlenstoffeinlagerungen. Er entsteht in Gesteinsräumen unter sehr hohem Druck. Missverständlicherweise wird ein Kalkgestein, das eigentlich den Namen »Onyxmarmor« trägt, häufig als Onyx bezeichnet. Große Lagerstätten befinden sich in den USA und Südamerika, vor allem in Brasilien, weitere in Indien und Madagaskar.

Steinpflege

Onyx erhält man in den unterschiedlichsten Formen: als Trommelstein oder Handschmeichler, als Pyramide zum Aufstellen und zu Schmucksteinen für Ketten und Ringe verarbeitet. Er sollte regelmäßig, bei häufigem Gebrauch möglichst wöchentlich, unter fließend warmem Wasser gereinigt werden. Ketten legt man in eine Schale mit Hämatittrommelsteinen. Das Aufladen erfolgt in einer Bergkristallgruppe. Man kann den Onyx zum Aufladen auch über Nacht in einen Blumentopf stecken.

Der geheimnisvolle, undurchsichtige Onyx steht für Willenskraft, Selbstbewusstsein und Individualismus.

Heilende Wirkung

Auf den Körper

Onyx verbessert den Gehörsinn und wird bei Erkrankungen des Innenohrs eingesetzt. Bei direktem Kontakt mit der Haut kann er hier sehr effektiv wirken. Er bringt Pilzerkrankungen, Entzündungen und Sonnenbrand zum Abklingen und fördert das Wachstum der Nägel und Haare. Seine günstige Wirkung wird noch verstärkt, wenn man die erkrankten Hautstellen mehrmals täglich mit Onyxwasser abtupft. Ein verstärkender Stein ist der Amethyst. Der Onyx muss über einen längeren Zeitraum getragen werden, dann wirkt er auch auf die tieferen Hautschichten. Nach Operationen trägt er zu einer schnelleren Wundheilung bei. Der Onyx fördert auch die Durchblutung und bewirkt dadurch eine bessere Versorgung der Organe mit Sauerstoff.

Auf die Seele

Der Onyx stärkt das Selbstbewusstsein und die Bereitschaft, Verantwortung zu übernehmen. Er wurde früher auch gern als Stein der Egoisten bezeichnet. Ein gesunder Egoismus kann jedoch der persönlichen Entwicklung durchaus förderlich sein. Seine heilende Wirkung auf die Augen geht mit einer Steigerung der Konzentrationsfähigkeit und mit einer Schärfung der Sinne einher. Der Onyx stärkt analytisches und logisches Denken und verhilft zu Durchsetzungskraft, Nüchternheit und realistischen Einschätzungen.

Opal

Mythologie

Seit jeher wurde dieser bunt schillernde Edelstein bewundert. Doch man verdächtigte so viel Pracht zuweilen der Zauberei, weshalb er auch als Unglücksstein galt. Alte Legenden bringen den Opal unmittelbar mit den Göttern in Verbindung. Nach der griechischen Mythologie sind es Tränen des Zeus nach seinem Sieg über die Titanen, die im Opal gefangen sind. In Indien verkörperte der Opal die Göttin des Regenbogens, die zu Stein erstarrte, als sie von zudringlichen Göttern belästigt wurde. Noch heute gilt der Opal in Indien als Glücksbringer. Im Orient steht er für die nie versiegende Hoffnung. Er ist ein Symbol der Liebe und spendet verwundeten Seelen Trost.

Sternzeichen

Der Opal sorgt beim Wassermann für eine größere Interessenvielfalt und stärkt seine Freude am Leben. Auch den Skorpion soll er in dieser Weise beeinflussen.

Chakra

Den Opal sollte man auf das Scheitelchakra auflegen.

Mineralogie

- *Farbe:* bunt schillernd in einer weißlichen, rötlichen oder sehr dunklen Grundfarbe
- *Härte:* 5,5 bis 6,5
- *Formel:* $SiO_2 + H_2O$

Der Opal entsteht als amorpher Stein beim Auskühlen von Kieselsäure, der noch Wasser entzogen wird. Doch Wasser und Gase entweichen nicht völlig, so dass sie als kleinste Tröpfchen im Stein gefangen bleiben. Das so genannte Opalisieren des Steins entsteht durch Lichtbrechung. Je nach Grundfarbe werden die Steine unterschiedlich benannt: Milchopal (weiß), Feueropal (rötlich), schwarzer Opal. Fundorte liegen in Australien, Brasilien, Guatemala, Honduras und den USA.

Steinpflege

Der Opal gehört zu den wertvolleren Edelsteinen. Er wird deshalb meistens zu Schmuck verarbeitet. Wenn man ihn der Sonne aussetzt, wird er rissig; feuchte Watte verzögert sein Altern. Mit Seife und Parfum sollte man ebenfalls vorsichtig sein. Zum Entladen hält man den Opal unter fließend warmes Wasser oder legt ihn über Nacht in eine Schale mit Hämatiten. In einer Bergkristallgruppe lädt er sich wieder auf.

Das bunte Schillern des Opals verheißt Lebensfreude. Seine Lichteffekte ließen viele Kulturen eine Gottheit im Stein vermuten.

Heilende Wirkung

Auf den Körper

Der Milchopal ist ein ausgezeichneter Heilstein für das Verdauungssystem. Er regt die Drüsen der Magenschleimhaut dazu an, genügend Verdauungssekrete zu bilden. Entzündungen und Beschwerden in diesem Organbereich werden durch ihn gelindert und der Stoffwechsel in Gang gebracht. Der Edelopal sorgt außerdem für das richtige Verhältnis von roten und weißen Blutkörperchen. Deshalb wird er zur Vorbeugung von Blutarmut (Anämie) und Leukämie eingesetzt. Der Feueropal eignet sich zum Auflegen auf die weiblichen und männlichen Geschlechtsorgane, die er vor allem in ihrer Fortpflanzungsfunktion unterstützt. Feueropalwasser lässt Entzündungen der Leber abklingen und wird bei Hepatitis oder einer durch Alkohol geschädigten Leber eingesetzt. Milchopalwasser wird auf Hautausschläge getupft.

Auf die Seele

Der Opal ist ein wahrer Muntermacher. Er vertreibt depressive Stimmungen und Ängste. Er verleiht Spontaneität und kann sogar zu Leichtsinn im positiven Sinn verführen. Außerdem stärkt er das Verlangen nach Erotik und Sexualität. Bei problematischen Herzensangelegenheiten wirkt er Wunder. Er lässt die bunten Seiten des Lebens in den Vordergrund treten und weckt den Wunsch nach Abwechslung. Der Edelopal macht empfänglich für Poesie, Musik und Kunst.

Perlen

Mythologie

In sämtlichen alten Hochkulturen wurden Perlen als Schmuck getragen. Seit der Römerzeit handelte man mit Perlen, wobei der Hauptumschlagplatz Alexandria war. Im nördlichen Europa fanden die Perlen erst im 15. Jahrhundert Verbreitung und waren natürlich nur der herrschenden Schicht vorbehalten. Dies änderte sich erst 1921, als der Japaner Mikimoto ein Verfahren entwickelte, um Perlen künstlich wachsen zu lassen. Heute gibt es verschiedene anerkannte Kunstperlen (z. B. Bourgignon- oder Majoricaperlen). Aus dem Mittelalter stammt die Legende, dass Perlen vergossene Tränen darstellen. Für die Dichter war die Perle stets Metapher für die vollkommene Schönheit einer Frau.

Sternzeichen

Perlen bestärken die Waage in ihrem Wunsch nach Harmonie. Schwarze Perlen werden dem Steinbock zugeordnet.

Chakra

Perlen werden im Bereich des Nabelchakras eingesetzt.

Mineralogie

- *Farbe:* silbrig, golden, rosa, grün, blau, schwarz; schimmernd
- *Härte:* 3 bis 4
- *Formel:* $CaCO_3$

Wenn ein Sandkorn oder ein anderer Fremdkörper zwischen die Schale und den inneren Mantel einer Muschel gelangt, beginnt sich eine Perle zu bilden. Die Mantelhaut scheidet ein Perlmutterkonzentrat aus, das sich Schicht um Schicht um diesen Fremdkörper legt. Das Wachstum einer erbsengroßen Perle kann bis zu 15 Jahren dauern. Bei den so genannten Zuchtperlen wird der Fremdkörper von Menschenhand eingesetzt. Die fertige Perle kann in vier bis zehn Jahren geerntet werden.

Steinpflege

Beim Aussuchen einer Perle sollten Sie sich Zeit lassen, um sich für einen zu Ihnen passenden Farbschimmer zu entscheiden. Perlen sollten möglichst direkt auf der Haut getragen werden. Parfum kann sie jedoch stumpf machen. Man sollte Perlen einmal pro Monat in einer Schale mit Meersalz oder in Meersalzwasser entladen. Zum Aufladen legt man sie in eine mit Perlmutt beschichtete Muschelschale.

Perlen sind das Sinnbild von Schönheit und Vollkommenheit. Ihr feiner Glanz erhellt unser Inneres.

Heilende Wirkung

Auf den Körper

Perlen bestehen hauptsächlich aus Kalzium, genauso wie unsere Zähne und Knochen. Perlen bewirken, dass das mit der Nahrung aufgenommene Kalzium vom Körper tatsächlich verarbeitet wird. Deshalb wirken Perlen bei schmerzenden Knochen, aber auch bei chronischen Kopfschmerzen. Durch das Trinken von Perlenwasser wird die Heilwirkung noch verstärkt. Perlenwasser bringt, über längere Zeit regelmäßig getrunken, auch den Hormonhaushalt in Ordnung. Die Nerven und Muskeln werden nachhaltig gestärkt. Perlen fördern die Arbeit von Magen, Milz und Darm, so dass eine reibungslose Verdauung gewährleistet ist. Perlen lindern außerdem Allergien wie Heuschnupfen und nesselartige Ausschläge, die durch bestimmte Nahrungsmittel verursacht werden.

Auf die Seele

Der feine Glanz von Perlen stimmt versöhnlich. So wie sich eine Perle Schicht um Schicht entwickelt, kann man mit ihrer Hilfe Schritt für Schritt zu einer Vervollkommnung des eigenen Ich gelangen. Dazu muss oft Ballast, der eine Weiterentwicklung verhindert, abgeworfen werden. Perlen lösen Blockaden, manchmal auch mit Hilfe von Tränen. Sie vermitteln innere Zufriedenheit, weswegen auch psychische Krankheiten wie Fettsucht und Bulimie durch sie gelindert werden können.

Prasem

Mythologie

Seit der Antike ist der Prasem in erster Linie als Heil- und Schutzstein bekannt. Als Schmuckstein wurde er weniger verwendet. Der Apollotempel in Delphi war zum größten Teil aus Prasemsteinen erbaut. Beim römischen Schriftsteller Plinius findet man den Edelstein unter der Bezeichnung »Prasius«, was lauchgrün bedeutet. Im Mittelalter schrieb Hildegard von Bingen über den Stein: »So wird der Prasem von der Sonnenglut, der Feuchtigkeit aus Luft und Wasser und der Grünkraft des Taus hervorgebracht.« Sie brachte die Entstehung eines jeden Steins mit einer bestimmten Tageszeit in Verbindung. Dem Prasem wurde die Abenddämmerung zugedacht. Er symbolisierte damit Fruchtbarkeit und Erneuerung.

Sternzeichen

Beim Prasem gibt es keine Zuordnung zu einem bestimmten Sternzeichen.

Chakra

Der Prasem entfaltet seine Wirkung über das Herzchakra.

Mineralogie

- *Farbe:* hell- bis mittelgrün
- *Härte:* 7
- *Formel:* SiO_2 + Aktinolith

Große Mengen von feinsten eingeschlossenen Aktinolithnadeln färben diesen Quarz grün. Unter Hitze und Druck wird Siliziumoxid mit heißen Wasserlösungen angereichert, in denen verschiedene Elemente gelöst sind. Den Prasem nennt man manchmal auch Smaragdquarz oder afrikanische Jade. Mit Jade hat der Stein jedoch nichts gemeinsam. Wichtige Fundstätten liegen in Armenien, Aserbaidschan und Kasachstan sowie in Australien, Indien und den USA.

Steinpflege

Den Prasem gibt es heute in vielfältigen Formen. Handschmeichler, Trommelsteine, Scheiben, Ketten und Schmuckanhänger werden aus ihm hergestellt. Ketten sollten nicht geknotet sein, denn die sich reibenden Kettenglieder verstärken die Wirkung des Heilsteins. Zum Entladen legt man sie regelmäßig (möglichst einmal pro Woche) über Nacht in eine Schale mit Hämatittrommelsteinen. Der Prasem ist ein Stein, der durch längeres Liegen in der Sonne aufgeladen werden sollte.

Der Prasem steht für Ausgeglichenheit, in der sich Stärke verbirgt. Seit der Antike ist er ein begehrter Heil- und Schutzstein.

Heilende Wirkung

Auf den Körper

Der Prasem wird bei Prellungen, Quetschungen und Verbrennungen zur Schmerzlinderung eingesetzt. Er aktiviert die Thrombozyten (Blutplättchen) und führt auf diese Weise eine schnellere Blutgerinnung herbei. Der Prasem beschleunigt den Heilungsprozess unnd verhindert bei Wunden eine unschöne Narbenbildung. Er wird auch zur Fiebersenkung eingesetzt. Der Prasem wirkt auf den Blutkreislauf, er stärkt das Herz in seinen Funktionen. Durch seine ausgleichende Wirkung auf den Blutdruck bewahrt er vor Nasenbluten und soll auch vor einem Schlaganfall schützen. Auch stressbedingte Verspannungen im Körper lockert der Prasem. Der Stein hat sich auch bei der Behandlung von Augenerkrankungen bewährt. Er schützt vor grauem und grünem Star sowie Kurzsichtigkeit.

Auf die Seele

So wie der Prasem das Blut im Körper kühlt, so sorgt er auch für eine Abkühlung des Gemüts. Menschen, die leicht in Wut und Zorn geraten, sollten den Prasem ständig in der Hosentasche oder als Anhänger direkt am Hals tragen. Nachtragenden Menschen, die nicht leicht vergeben, ebnet er den Weg zur Versöhnung. Insgesamt fördert der Prasem also die Selbstbeherrschung und die Kontrolle über das eigene Ich. Er verhilft zu einer ruhigeren, ausgeglicheneren Lebensführung ohne stressiges Auf und Ab.

Pyrit

Mythologie

Der Name des Steins stammt aus dem Griechischen und bedeutet so viel wie Feuerstein. Der Pyrit versprüht beim Anschlagen Funken, bereits der Steinzeitmensch nutzte ihn zum Feuermachen. Und natürlich hatte eine solche Eigenschaft eine breite Legendenbildung zur Folge. Viele Kulturen verehrten ihn als magischen Stein, denn er konnte sich stark erwärmen und »besaß ein eigenes Feuer«. Seit der Antike war man bemüht, seinem Geheimnis auf die Spur zu kommen. Und noch die Alchimisten des Mittelalters versuchten, mit seiner Hilfe Gold herzustellen. Da er von den Inkas im alten Peru und Mexiko in großer Menge zu den verschiedensten Schmuckstücken verarbeitet wurde, hat er den Beinamen »Inkastein«.

Sternzeichen

Der metallische und kräftige Stein kann von allen Sternzeichen verwendet werden.

Chakra

Am besten wirkt der Pyrit über das Nabelchakra.

Mineralogie

- *Farbe:* goldmetallisch oder silbern glänzend
- *Härte:* 6 bis 6,5
- *Formel:* FeS_2 + Co, Ni, Sb

Der Pyrit bildet meist schöne würfelförmige Kristalle, er ist eine Verbindung aus Eisen und Schwefel. Doch es gibt auch knollige Pyrite, die als Sediment in Ton und Kohle entstanden sind. Kristallgruppen finden sich in Erzgängen in magmatischem Gestein. Der Pyrit bildet einen wichtigen Rohstoff für die Metallgewinnung. Meist enthält er Kobalt, Kupfer, Nickel und andere Metalle. Pyrit ist nahezu überall auf der Welt zu finden, große Lagerstätten finden sich vor allem in Schweden, Mexiko, Australien und den USA.

Steinpflege

Als Rohstein wird der Pyrit meist in einer Kristallformation angeboten. Außerdem verarbeitet man ihn zu Handschmeichlern, Kugeln, Pyramiden, Scheiben, Armbändern, Anhängern und Ketten. Man sollte ihn einmal pro Monat in einer Schale mit Hämatittrommelsteinen entladen. Zum Aufladen kann der Pyrit an die Sonne oder in eine Bergkristallgruppe gelegt werden.

Der Funken sprühende Pyrit ist das Symbol für Magie schlechthin. Seine Wirkung als Heilstein beruht auf seiner Leitfähigkeit.

Heilende Wirkung

Auf den Körper

Durch seine leitenden Eigenschaften steuert der Pyrit u. a. den Fluss von Körperflüssigkeiten wie Blut, Schleim und Galle. Er wirkt somit harmonisierend auf viele Organe und Drüsen. Der Pyrit kann zu einer Klärung verworrener Krankheitsbilder beitragen und zu einer Erhellung der Ursachen von vorhandenen Symptomen führen. Er ist der geeignete Stein bei Verdauungsproblemen. Doch auch Entzündungen und Erkrankungen der Lunge und der oberen Atemwege erfahren durch den Pyrit Linderung. Eine direkt auf der Haut getragene Pyritkette sorgt für eine verbesserte Durchblutung und Erneuerung der Haut. Der metallische Stein ist ein guter Helfer bei stressbedingten Symptomen, Depressionen und chronischen Erschöpfungszuständen. Menschen, die unter nervösen Hautausschlägen, Stottern oder krampfartigen Zuckungen leiden, sollten ständig einen Pyrit bei sich tragen.

Auf die Seele

Durch seine leitenden Eigenschaften trägt der Pyrit zu einer seelischen Reinigung bei: Er lässt verborgene Erinnerungen an die Oberfläche kommen und ermöglicht so eine Klärung momentaner Lebensumstände. Er kann sehr effektiv auf eine Veränderung hinwirken. Mit seiner klaren Struktur ist der Pyrit ein Stein, der Heimlichkeiten aufdeckt und so eine Chance für Offenheit und Ehrlichkeit bietet.

Rauchquarz

Mythologie

Auch heute noch sind wir versucht, den Rauchquarz für einen eingefärbten Bergkristall zu halten. Schon die alten Griechen glaubten, der Rauchquarz sei die »reife« Variante des Bergkristalls. Für die Römer symbolisierte er Trauer, die man jedoch mit seiner Hilfe überwinden konnte. Seine dunkle Durchsichtigkeit führte einen wieder zum Licht. Auch in späteren Zeiten galt der Rauchquarz in den Alpenländern als Schutzstein für Krieger und Soldaten. Kreuze wurden mit ihm geschmückt, oder er wurde selbst als Kruzifix um den Hals getragen. Bei den arabischen Völkern galt der Rauchquarz als Stein der Treue und Freundschaft.

Sternzeichen

Der Rauchquarz zeigt dem Steinbock, dass es außer Erfolg im Berufsleben auch noch andere, nichtmaterielle Werte gibt. Der Stein wird auch der Waage zugeordnet.

Chakra

Rauchquarz wird auf das Sakralchakra aufgelegt.

Mineralogie

- *Farbe:* hell- bis dunkelbraun; durchscheinend
- *Härte:* 7
- *Formel:* SiO_2 + Al, Li, Na

Rauchquarz gehört zur Gruppe der Quarze und bildet eine trigonale Kristallstruktur. Er entsteht vorwiegend in Pegmatiten oder hydrothermal in Drusen oder Felsklüften. Die bräunliche Einfärbung kommt durch die Elemente Aluminium und Lithium zustande oder durch das Einwirken radioaktiver Strahlung. Sehr dunkler Rauchquarz wird Morion genannt. Durch Bestrahlung können hellere Steine nachträglich dunkler gemacht werden. Rauchquarz wird in den Alpenländern gefunden, außerdem in den USA, in Brasilien und Australien.

Steinpflege

Rauchquarz gibt es als Rohkristall, aber auch zu Kugeln, Pyramiden, Handschmeichlern und Anhängern geschliffen. Bei manchen Rauchquarzen wurde die dunkle Färbung durch künstliche Bestrahlung erzielt. Je nach Gebrauch sollte er ein- bis zweimal pro Monat unter fließend lauwarmem Wasser entladen werden. Das Aufladen geschieht nachts in einer Bergkristallgruppe.

Der Rauchquarz ist ein Symbol des Neuanfangs. Seine braune Farbe zeigt die dunklen Seiten des Lebens, die er uns überwinden hilft.

Heilende Wirkung

Auf den Körper

Der Rauchquarz ist vor allem ein Stein für die Gelenke und Knochen. Er festigt und stabilisiert das Stütz- und Bindegewebe sowie die Muskeln. Verkrampfungen innerer Muskelpartien (z. B. von Magen und Herz) kann er lösen. Er verhindert Fettablagerungen und unnötige Polster. Heilsteinwasser aus Rauchquarz wirkt reinigend und klärend. Es durchspült die Nieren und befreit den Körper von Schlacken und Ablagerungen. Stein und Steinwasser werden in der Naturmedizin auch gern zur Anregung der weiblichen und männlichen Hormonproduktion eingesetzt. Ein Glas Rauchquarzwasser, über längere Zeit morgens getrunken, stärkt die Empfängnisbereitschaft und die Zeugungsfähigkeit. Der Rauchquarz ist auch während der Schwangerschaft zu empfehlen.

Auf die Seele

Der Rauchquarz wirkt auch auf die Seele entspannend. Er senkt die Anfälligkeit für Stress. Wenn man ihn ständig bei sich trägt, sorgt er dafür, dass unangenehme Begleiterscheinungen wie Nervosität und Verspannungen gar nicht erst entstehen können. Rauchquarz fördert klares, nüchternes Denken, man kann sich mit seiner Hilfe besser konzentrieren und die Dinge realistischer einschätzen. Er hilft dabei, Tiefpunkte im Leben zu überwinden und stärkt das Durchhaltevermögen. Allgemein bringt er neue Kraft und mehr Lebenslust.

Rhodochrosit

Mythologie

Der Rhodochrosit oder »Manganspat« wurde bei uns erst nach dem Zweiten Weltkrieg als Edelstein anerkannt. In den alten Kulturen Süd- und Nordamerikas wurde er als Heil- und Schutzstein geschätzt. Die heutige Naturmedizin zieht ihn in ihren Anwendungen immer stärker heran. Bei den Indianern symbolisierte der Rhodochrosit Ähnliches wie bei den Griechen der Rubin. Sein Name bedeutet auf griechisch rosenfarbig. Er galt als Stein des Herzens und der Liebe. Unter Kennern hat der Stein auch den Namen »Inkarose«. Dies rührt daher, dass er bereits von den Inkas in argentinischen Silberminen gefunden wurde. Er kommt dort als Begleitmineral von Silbererzen vor.

Sternzeichen

Der Rhodochrosit hilft dem Krebs, unangenehmen Tatsachen in seinem Leben mutig ins Gesicht zu sehen.

Chakra

Der Rhodochrosit wird bevorzugt auf das Herzchakra aufgelegt.

Mineralogie

- *Farbe:* rosa; zum Teil gebändert; undurchsichtig
- *Härte:* 4 bis 4,5
- *Formel:* $MnCO_3$ + Ca , Fe, Zn

Der Rhodochrosit wird auch Manganspat oder Himbeerspat genannt und gehört zu den Karbonaten. Er bildet sich in der Oxidationszone von Manganerzlagerstätten. Es entstehen Stalagmiten (Tropfsteine) aus Rhodochrosit, wenn mangan- und kohlensäurehaltiges Wasser auskristalliert. Die einzelnen Steine kristallisieren trigonal und zeichnen sich durch eine gute Spaltbarkeit der Karbonate aus. Manchmal hat der Rhodochrosit eine Lagenstruktur mit roten und weißen Schichten. Bedeutende Lagerstätten gibt es in Argentinien, Peru und Colorado (USA).

Steinpflege

Der Rhodochrosit ist einer der teureren Edelsteine. Meist wird er in vielfältigen Formen zu Schmuck verarbeitet, es gibt aber auch Rohsteine. Man sollte ihn einmal pro Woche unter fließendem Wasser entladen. Ketten legt man über Nacht in eine Schale mit Hämatittrommelsteinen. Aufladen lässt er sich in Verbindung mit Bergkristall oder Rosenquarz.

Der Rhodochrosit öffnet Herz und Geist. Er lässt das Leben in einem rosigerem Licht erscheinen.

Heilende Wirkung

Auf den Körper

Der Rhodochrosit sorgt für eine bessere Durchblutung, er stabilisiert den gesamten Blutkreislauf und damit auch den Blutdruck. Dies ist zum Teil auf den hohen Mangananteil des Minerals zurückzuführen. Er beugt Gefäßverengungen vor und wird bei Arteriosklerose eingesetzt. Der Rhodochrosit wirkt regulierend auf den Verdauungstrakt. Verdauungsbeschwerden wie z. B. Verstopfung und ein übersäuerter Magen werden mit seiner Hilfe gelindert. Er ist ein Stein, der über den Stoffwechsel die Entgiftungsarbeit des Körpers unterstützt. Er aktiviert die Nieren und sorgt somit für eine Reinigung des Bluts. Heilsteinwasser aus Rhodochrosit, das regelmäßig morgens auf nüchternen Magen getrunken wird, verstärkt diese Wirkung noch. Durch seine entschlackende Wirkung bekämpft der Rhodochrosit auch Hautunreinheiten, selbst chronische Akne lindert er.

Auf die Seele

Der Rhodochrosit fördert die Aktivität und Lebenskraft. Er trägt zu einem erfüllten Sexualleben bei, indem er erotische Gefühle stimuliert. Mit einem Rhodochrosit wird man wach und dynamisch und nimmt die Umwelt aufmerksamer wahr. Er ist der geeignete Stein, um trübe Stimmungen nachhaltig zu vertreiben. Er baut eine positive Lebenseinstellung auf und fördert spontane Gefühlsäußerungen.

Rhodonit

Mythologie

Die alten Griechen nannten diesen Stein rhodon, was Rose bedeutet. Er hat auch meist die satte Farbe roter Rosen. Die Römer verwendeten ihn vor allem als Schutzstein auf Reisen. Er sollte den Wanderer vor Wegelagerern, extremen Wettereinflüssen und schwindenden Kräften bewahren. Der Rhodonit war zugleich auch ein Symbol des Muts. Seit gut 200 Jahren ist der Rhodonit bei uns auch als Mangankiesel oder Kieselmangan bekannt. Meist wurde er für die Herstellung kunstgewerblicher Gegenstände verwendet.

Sternzeichen

Der Rhodonit wird dem Stier zugeordnet; er verhilft ihm zu größerer Standfestigkeit.

Chakra

Aufgrund seiner kräftigen Schwingungen wird der Rhodonit bevorzugt auf das Herz- und Sakralchakra aufgelegt und ist besonders gut für die Meditation geeignet. Er kann auch durch das Auflegen auf die Gliedmaßen sehr intensiv auf den Körper wirken.

Mineralogie

- *Farbe:* rosa mit schwarzen Einlagerungen, undurchsichtig
- *Härte:* 6,5 bis 7,5
- *Formel:* $CaMn_4(SiO_3)_5$

Rhodonit bildet sich bei der Verwandlung von sedimentären Manganerzlagerstätten. Dabei entsteht ein rosafarbenes Mineral, das durch Verwitterung teilweise oxidiert. Dies sind die typischen schwarzen Adern, die aus Mangandioxid bestehen. Rhodonit kommt zum Teil in solchen Mengen vor, dass er in großen Blöcken abgebaut und für Steinmetzarbeiten verwendet wird. Große Lagerstätten befinden sich in Spanien, Schweden, Brasilien, Mexiko und den USA, weiterhin im Uralgebirge, in Südafrika, China und Australien.

Steinpflege

Rhodonit ist als Rohstein und Handschmeichler erhältlich, man bekommt ihn aber auch zu Pyramiden, Anhängern und Kettengliedern geschliffen. Der Stein wird ein- bis zweimal im Monat unter fließendem Wasser entladen. Rhodonitketten legt man über Nacht in eine Schale mit Hämatiten. Aufgeladen wird Rhodonit in der Sonne oder nachts in einer Amethystgruppe.

Der Rhodonit symbolisiert positiven Wandel, er lässt uns dem Neuen optimistisch entgegensehen.

Heilende Wirkung

Auf den Körper

Der Rhodonit gilt als hervorragender Wundheilstein. Er stillt Blutungen, die durch kleine Verletzungen wie Schürfwunden oder Schnitte entstehen. Bei Insektenstichen oder Vereiterungen zieht er die giftigen Stoffe aus dem Gewebe und lässt es narbenlos verheilen. Man drückt sofort nach der Verletzung einen angefeuchteten Rhodonit auf die Wunde und hält ihn dort zehn Minuten fest. Rhodonit enthält viel Kalzium und ist deshalb ein geeigneter Stein für die Knochen. Kinder, die sich im Wachstum befinden, sollten ständig eine Rhodonitkette tragen. Auch bei Knochenbrüchigkeit (Osteoporose) ist der Rhodonit zu empfehlen. Der Stein wirkt reinigend auf die Lunge und das Herz-Kreislauf-System. Er löst Verschleimungen und regt den Stoffwechsel an. Vorbeugend kann er gegen Asthma eingesetzt werden. Er soll außerdem den Sexualtrieb und die Fruchtbarkeit beider Geschlechter steigern.

Auf die Seele

Rhodonit ist ein hervorragender Begleiter, wenn im Leben Veränderungen bevorstehen, sei es nun ein Umzug, eine längere Reise oder eine Neuorientierung im beruflichen oder privaten Bereich. Er bewahrt seinen Träger vor Prüfungsängsten und Lernblockaden und eignet sich daher besonders für Schulkinder. Alte seelische Wunden, die uns immer noch belasten, können mit seiner Hilfe ganz ausgeheilt werden.

Rosenquarz

Mythologie

Seit der Antike wird der Rosenquarz als Symbol der Liebe verehrt. Der Sage nach soll Eros, der griechische Gott der sinnlichen Liebe, den Rosenquarz zu den Menschen gebracht haben. Durch ihn sollten sie die Macht wahrer und inniger Liebe erfahren. Der Rosenquarz gilt seit vielen Jahrhunderten als Fruchtbarkeitsstein. In der Naturmedizin wurde er vor allem bei Frauenleiden, zur Linderung von Schmerzen und bei Herzbeschwerden eingesetzt. Besonders begehrt bei »Herzeleid« ganz anderer Ursache waren Rosenquarzsteine, die nach dem Schleifen einen so genannten Stern freigaben. Im Mittelalter soll damit das Herz so mancher hartnäckigen Jungfrau erobert worden sein.

Sternzeichen

Der Rosenquarz fördert beim Stier die Selbstachtung und Offenheit. Dem Schützen verhilft er zu mehr Beständigkeit.

Chakra

Die beste Wirkung erzielt Rosenquarz über das Herzchakra.

Mineralogie

- *Farbe:* rosa; durchscheinend
- *Härte:* 7
- *Formel:* SiO_2 + Na, Al, Fe, Ti

Rosenquarz bildet sich vor allem in Pegmatiten und bringt so derbe Massen hervor. Pegmatit ist ein grobkörniges Ganggestein, das nach der Schmelze von Magma übrig bleibt. Es besteht zu großen Teilen aus Granit und beinhaltet Feldspat- und Glimmermineralien sowie andere seltene Elemente. Kristallgruppen aus Rosenquarz entstehen nur sehr selten. Der so genannte Asterismus (Sternbildung) kommt durch konzentrisch eingelagerte Rutilnädelchen (TiO_2) zustande. Fundorte liegen in Madagaskar, Brasilien, Österreich und den USA.

Steinpflege

Größere Rohsteine eignen sich zum Aufstellen in Räumen, denn sie wirken bereits in ihrer näheren Umgebung. Zum Auflegen gibt es Trommelsteine und Handschmeichler. Rosenquarz wird aber auch vielfältig zu Schmuck verarbeitet. Er sollte einmal pro Woche entladen werden – unter fließendem Wasser oder in einer Schale mit Hämatittrommelsteinen. Das Aufladen erfolgt über Nacht in einer Amethystdruse.

Der Rosenquarz steht für Liebe und Schönheit. Er gilt in erster Linie als Frauenstein.

Heilende Wirkung

Auf den Körper

Rosenquarz ist hervorragend dazu geeignet, schädliche Strahlen vom Körper fernzuhalten. Ein Rohstein in der Größe eines Tennisballs auf dem Computer oder neben dem Bett kann Kopfschmerzen oder Augenbrennen verhindern. Der Stein wirkt hauptsächlich auf das Herz und den Blutkreislauf. Er versorgt das Blut mit Sauerstoff und kräftigt so auch den Herzmuskel und die Herzklappen. Rosenquarz sollte zur Vorbeugung von Blutkrankheiten wie Leukämie und Anämie direkt auf der Haut getragen werden. Ein Glas Steinwasser, morgens auf nüchternen Magen getrunken, unterstützt diese Wirkung. Die bessere Durchblutung kommt auch den weiblichen Geschlechtsorganen zugute. Krämpfe während der Periode werden durch sie gelindert und die Fruchtbarkeit erhöht.

Auf die Seele

Der rosafarbene Quarzstein sieht harmlos und sanft aus. Doch er beschert seinem Träger Bestimmtheit und Durchsetzungsvermögen in Situationen, die mit bloßer Kraftanwendung nicht zu meistern sind. Man sollte Rosenquarz nicht unterschätzen. Er fördert die Sensibilität sich selbst und anderen gegenüber. Er regt dazu an, für eine angenehme Umgebung zu sorgen. Er macht empfindsam für die Wünsche und Sorgen anderer Menschen, wodurch das tägliche Miteinander erleichtert wird.

Rubin

Mythologie

Der Name des Steins ist vom lateinischen »rubeus« abgeleitet, was einfach rot bedeutet. Nach dem Diamanten gehört der Rubin seit der Antike zu den am höchsten geschätzten Edelsteinen. Seine rote Farbe ließ ihn in der Mythologie zur Mutter aller Edelsteine werden. Rubine verkörperten das Blut der Erde. Sie galten deshalb als Sinnbilder der Liebe und des Lebens schlechthin. Die alte Kultur Indiens verehrte im Rubin die Leben spendende Kraft der Sonne und das innere Feuer des Menschen. Wie der Granat wird der Rubin auch als Karfunkel bezeichnet, der das Material des sagenumwobenen Gralskelches darstellen soll. Für Hildegard von Bingen war er ein Stein der Nacht. Sie schrieb ihm große wiederbelebende Kraft zu.

Sternzeichen

Der Rubin wird dem Widder zugeschrieben, aber auch der Jungfrau und dem Skorpion.

Chakra

Der Rubin wirkt am intensivsten über das Herzchakra.

Mineralogie

- *Farbe:* dunkelrot bis violett; leicht durchscheinend
- *Härte:* 9
- *Formel:* Al_2O_3 + Cr, Ti, Fe

Der Rubin gehört zur Gruppe der Korunde, die in reinem Zustand farblos sind. Vor allem durch Chrom erhält der Rubin seine rote Farbe. Er entsteht in aluminiumreichen Gesteinen oder während der Umwandlung ähnlicher Gesteine zu Gneisen, kristallinen Schiefern oder Marmor. Konzentrische Einlagerungen von Rutilnädelchen machen in seltenen Fällen den Schliff eines Sternrubins möglich. Fundorte liegen in Indien, Thailand, China, Australien, den USA und Sibirien.

Steinpflege

Rubine bekommt man als Rohstein, Trommelstein oder Handschmeichler, ansonsten verarbeitet man ihn, meist mit Gold, zu edlen Schmuckstücken. Rubinketten sind ungeknotet und mit einem Goldverschluss besonders wirksam. Ein Rubin sollte zweimal im Monat unter fließendem Wasser entladen werden. Ketten legt man in eine Schale mit Hämatittrommelsteinen. Zum Aufladen legt man den Rubin etwa zwei Stunden in die Sonne.

Der Rubin steht für ein gesteigertes Lebensgefühl, das jedoch nie ins Maßlose abgleitet. Er weckt leidenschaftliche Gefühle.

Heilende Wirkung

Auf den Körper

Der Rubin ist ein wichtiger Stein für die Neubildung und Regeneration des Bluts. Er regt die Leber zu einer verstärkten Entgiftungsarbeit an. Die Bildung von roten Blutkörperchen im Knochenmark wird durch ihn ebenfalls aktiviert. Über das Blut stärkt der Rubin das Immunsystem. Er macht uns widerstandsfähiger gegen Infektionskrankheiten (vor allem der Atemwege und des Darms) und wirkt im Krankheitsfall fiebersenkend. Die Milz und das Lymphsystem werden in ihren Funktionen gestärkt. Der Rubin wird auch zur Blutdrucksenkung und gegen Gefäßverkalkung eingesetzt. Er gewährt einen gewissen Schutz vor Leukämie. Frauen mit heftigen Menstruationsbeschwerden ist das Tragen eines Rubins, besser noch einer Rubinkette, zu empfehlen. Auch Frauen in den Wechseljahren erfahren durch diesen Stein eine Linderung ihrer Beschwerden.

Auf die Seele

Rot steht für Aktivität, Spontaneität und Mut. Und so wirkt der Rubin auch auf das seelische Befinden. Er schärft die Sinne und das Bewusstsein, steigert die Leistungsfähigkeit und bringt Leidenschaft und neuen Schwung ins Leben. Erschöpfte oder lethargische Menschen werden durch ihn wieder dynamischer. Auf hyperaktive Menschen wirkt der Rubin ausgleichend. Als Stein der Liebe und Treue macht der Rubin sensibel in der Partnerschaft.

Saphir

Mythologie

Einer der edelsten Steine aus der Korundfamilie ist neben dem Rubin der Saphir. Sein Name kommt aus dem Sanskrit und bedeutet Saturn. Mit diesem Stein wurden in vielen Kulturen Gottheiten verehrt, denen man Einfluss auf die Geschicke der Menschen zuschrieb. Er war ein Symbol des Magischen. Der Saphir hat auch für den christlichen Glauben eine Bedeutung: In der Offenbarung des Johannes wird der Saphir als zweiter Grundstein des neuen Jerusalem genannt. Auch Hildegard von Bingen räumte diesem Edelstein in ihrer Heilkunde einen bevorzugten Platz ein. Sie soll sogar Besessenheit mit ihm kuriert haben. Seit dem Frühmittelalter trägt jeder Kardinal an seiner segnenden Hand einen Saphir.

Sternzeichen

Der Saphir festigt bei der Jungfrau die innere Harmonie. Den Stier kann er für Transzendentales öffnen.

Chakra

Dem Saphir wird das Stirnchakra zugeordnet.

Mineralogie

- *Farbe:* blau, aber auch gelb, grün und schwarz
- *Härte:* 9
- *Formel:* Al_2O_3 + Fe, Ti, Cr

Der Saphir gehört zur Familie der Korunde und erhält seine verschiedenen Farben durch Einlagerungen von Metallen. Am bekanntesten und begehrtesten ist der blaue Saphir. Er entsteht durch Beimengung von Titan und Eisen. Wie beim Rubin sorgen auch hier konzentrisch eingelagerte Rutilnädelchen für eine Sternbildung nach dem Schliff. Saphire entstehen durch Überlagerung und Absenkung von Gesteinsschichten. Wichtige Fundorte liegen in Indien, Sri Lanka, Australien und Brasilien.

Steinpflege

Den Saphir gibt es vorwiegend als geschliffenen Schmuckstein. Als Rohstein eignet er sich zum Auflegen. Er sollte nach jedem Gebrauch unter fließendem Wasser gereinigt werden. Da der Saphir ein kräftiger Stein ist, legt man ihn am besten über Nacht in eine Schale mit Bergkristallen und Hämatittrommelsteinen. Ein Bad in trockenem Meersalz lädt ihn auf. Einen Saphir sollte man nie länger der Sonne aussetzen.

Der Saphir steht für das Überirdische. Er verkörpert die Weite des Himmels und des menschlichen Geistes.

Heilende Wirkung

Auf den Körper

Der Saphir ist ein wichtiger Heilstein im Zusammenhang mit dem Nervensystem. Durch seine Wirkung auf die Thymusdrüse beeinflusst er viele Körperfunktionen. Chronische Leiden wie Stirn- und Kieferhöhlenerkrankungen sowie Entzündungen der Augen und Ohren werden durch ihn gelindert. Appetitlosigkeit, aber auch übermäßigen Appetit kann er regulieren, indem er auf die verschiedenen Säfte des Magen-Darm-Trakts wirkt. Dadurch ist er ein ausgezeichnetes Mittel gegen Sodbrennen, Schluckauf und Mundgeruch, der auf Verdauungsprobleme zurückzuführen ist. Der Saphir hat sich auch bei der Behandlung von Hauterkrankungen bewährt. Akne, allergische Hautausschläge und Schuppenflechte bekämpt er genauso gut wie stressbedingte Nervenschmerzen und Neuralgien. Heilungsprozesse werden durch ihn gefördert. Ein heißes Saphirbad soll bei rheumatischen Beschwerden geradezu Wunder wirken.

Auf die Seele

Der Saphir wirkt beruhigend. Er fördert die Nüchternheit und Kritikfähigkeit. Gleichzeitig unterstützt er alle Heilungsprozesse durch den Entschluss zur Gesundung. In der heutigen Naturmedizin wie schon bei Hildegard von Bingen wird der Saphir zum Schutz vor Depressionen und Wahnvorstellungen eingesetzt. Er fördert die Wahrheitsliebe und stärkt die Glaubenskraft.

Sardonyx

Mythologie

In seiner Offenbarung nennt Johannes den Sardonyx als den fünften Grundstein des neuen Jerusalem. Doch seine Verehrung als Schutz- und Heilstein reicht bis in die Antike zurück. Aufgrund seiner reichen farblichen Gestaltung galt er als Stein der Fülle und Beredsamkeit. Doch auch die Tugenden des Wagemuts und der Treue sind im Sardonyx versinnbildlicht. Sein Name setzt sich aus zwei anderen Steinbezeichnungen zusammen: Sarder, ein brauner Karneol, und Onyx, ein schwarzer Stein. Für Hildegard von Bingen gehörte er zu den wichtigsten Heilsteinen. Sie setzte ihn u. a. gegen hitzige Gefühle (auch ganz konkret gegen Fieber) ein.

Sternzeichen

Der Sardonyx wird dem Steinbock zugeordnet; er repräsentiert seinen Wirklichkeitssinn und sein Pflichtgefühl.

Chakra

Der Sardonyx wird auf das Stirnchakra aufgelegt, wirkt aber auch über das Wurzelchakra.

Mineralogie

- *Farbe:* rotbraun, schwarz und weiß; gebändert
- *Härte:* 7
- *Formel:* SiO_2 + C + Fe, O, OH

Der Sardonyx ist ein Chalzedon, der durch Einlagerungen von Eisen und Kohlenstoff seine Bänderung in Rotbraun, Schwarz und Weiß erhält. Er entsteht, wenn magmatische Kieselsäurelösungen nach einem Vulkanausbruch in die Hohlräume von Vulkangestein dringen. Während des Abkühlungsprozesses bildet sich der Sardonyx oft in Gesteinsdrusen aus. Lagerstätten befinden sich in Indien, China, Australien, Südafrika, Brasilien und Uruguay.

Steinpflege

Den Sardonyx mit seiner typischen Maserung erhält man als Trommelstein, ferner zu Kugeln, Obelisken, Buchstützen und Kettengliedern geschliffen. Es sind auch polierte Drusenscheiben, manchmal sogar gefasst, erhältlich. Der Sardonyx sollte einmal pro Woche unter fließendem Wasser entladen werden, Ketten legt man über Nacht in eine Schale mit Hämatittrommelsteinen. Zum Aufladen legt man ihn für mehrere Stunden in die heiße Mittagssonne.

Der Sardonyx verhindert unkontrollierte Gefühlsausbrüche. Er schärft die Sinne und klärt die Wahrnehmung.

Heilende Wirkung

Auf den Körper

In der heutigen Naturmedizin wird der Sardonyx als der »Stein der fünf Sinne« eingesetzt. Er stärkt alle Sinnesorgane und verbessert somit die Wahrnehmung. Legen Sie den Stein auf die betreffenden Organe auf, und tragen Sie ihn oft direkt auf der Haut. Er stärkt die Rücken- und Halswirbel sowie das parasympathische Nervensystem. Indem er die Körperflüssigkeiten anregt, stärkt er aktiv unser Immunsystem und beugt vor allem Atemwegsinfektionen vor. Der Sardonyx unterstützt die Funktionen der Schilddrüse und der Leber. Er hilft bei Leberentzündung (Hepatitis) und Leberschrumpfung (Leberzirrhose). Zudem lässt er eitrige Wunden abheilen. Durch seine beruhigenden und regenerierenden Eigenschaften schützt er vor Krankheitsrückfällen. Man sollte ihn regelmäßig in der Sonne aufladen.

Auf die Seele

Über die Sinnesorgane stärkt der Sardonyx auch die Aufnahmefähigkeit und intensiviert die Wahrnehmung. Er hilft, die Welt um einen herum besser zu verstehen. Er bringt Zuversicht und Stabilität, jedoch eine elastische, keine starre. Der Sardonyx hilft dabei, Kummer und Trauer leichter zu überwinden, gleichzeitig lässt er die Sonnenseiten des Lebens mehr genießen. Der Sardonyx stimuliert zu Freundlichkeit und Hilfsbereitschaft und fördert die Uneigennützigkeit.

Silber

Mythologie

In der frühen Geschichte der Menschheit wurde Silber höher bewertet als Gold, da man es im Gegensatz zu diesem kaum ohne Beimengungen findet. Die ältesten Belege über Silber als Münzmetall reichen bis 2500 v. Chr. zurück. In Kleinasien verstand man es, Silber aus silberhaltigen Bleierzen zu gewinnen. Große europäische Silberminen befanden sich in Spanien, in Sachsen und im Harz. Nach der Entdeckung Amerikas mit seinen reichhaltigen Lagerstätten verlor der Silberbergbau in Europa an Bedeutung, und das Metall sank stark im Wert. Silber wird häufig auch zur Herstellung von Gebrauchsgegenständen verwendet. Man fertigt daraus Bestecke, Kelche, Schüsseln und Schalen an.

Sternzeichen

Silber wird keinem besonderen Sternzeichen zugeordnet.

Chakra

Silber kann auf verschiedene Chakren aufgelegt werden und intensiviert die Heilkraft vieler Edelsteine.

Mineralogie

- *Farbe:* silbrig schimmernd
- *Härte:* 2,5 bis 3
- *Formel:* Ag

Das weiß glänzende Edelmetall ist der beste Strom- und Wärmeleiter. Silber kommt selten rein vor, sondern in Form von Sulfidmineralien oder in Blei- und Kupfererzen. Mit Schwefelwasserstoff reagiert es zu Silbersulfid und wird schwarz. Da dieser auch in kleinen Mengen in der Luft vorhanden ist, laufen Silbergegenstände an der Luft schwarz an. In Kupfer- und Nickellegierungen wird Silber auch heute noch zur Münzproduktion verwendet. Die größten Silberminen liegen in Mexiko, Peru, Nordamerika und Kanada, in den Nachfolgestaaten der Sowjetunion und Australien.

Pflege

Silbernuggets sind äußerst selten, weil Silber meist in Verbindung mit anderen Metallen gefunden und daher ausgeschmolzen wird. Man stellt daraus Schmuck oder Kunstgegenstände her. Angeschwärzten Silberteilen kann man mit einem Silberbad (gibt es in der Drogerie) wieder neuen Glanz geben. Gefassten Schmuck sollte man nur mit einem Silberputztuch reinigen.

Silber steht für Reichtum und gesellschaftliche Wertschätzung. Es gehört zu den ältesten Zahlungsmitteln.

Heilende Wirkung

Auf den Körper

Silber verstärkt die Wirkung der meisten Edelsteine. Nur besonders starke Edelsteine werden in ihrer Wirkung abgemildert, sanfte erhalten durch Silber mehr Kraft. Das Metall hat einen positiven Einfluss auf den Flüssigkeitshaushalt des Körpers. Es wirkt regulierend auf die Produktion einzelner Drüsen und kann vor Magenübersäuerung schützen. Silber reguliert den Appetit. Auch zum Schutz vor Diabetes und bei Erkrankungen der Schilddrüse ist Silber zu empfehlen. Es kann sehr hilfreich sein, wenn der Kreislauf durch Wetter- oder Umwelteinflüsse aus dem Gleichgewicht geraten ist. Am besten legt man gleich morgens seinen Silberschmuck an, wenn allzu heißes Wetter, Luftdruckabfall oder eine erhöhte Ozonbelastung vorhergesagt werden. Silber kann Übelkeit und Migräne bekämpfen; es ist deshalb Schwangeren besonders zu empfehlen.

Auf die Seele

Silber hat auch im seelischen Bereich eine ausgleichende Wirkung. Menschen, die zu Wutausbrüchen neigen und von Jähzorn regiert werden, sollten viel Silber tragen. Menschen, die eher schüchtern und zurückhaltend sind, verschafft Silber mehr Selbstbewusstsein. Hemmungen im Umgang mit anderen Menschen werden abgebaut, und die eigenen Wünsche und Vorstellungen können mit mehr Nachdruck geäußert werden.

Smaragd

Mythologie

Der Smaragd ist der am meisten geschätzte Stein unter den Beryllen. Viele alte Kulturen Europas und Asiens verehrten ihn. Im antiken Griechenland schrieb man ihn dem Gott Hermes zu, der zwischen den Göttern und den Menschen vermittelte. Der Smaragd galt deshalb als Sinnbild der göttlichen Eingebung. Außerdem sah man im tiefgrünen Smaragd die Pflanzenwelt verkörpert. Herrscherhäuser und adlige Familien besaßen zum Teil sehr wertvolle Smaragde, die selbst Geschichte schrieben, wie der Smaragd der Herzogin von Devonshire. Viele der berühmtesten Smaragde haben die Konquistadoren bei den Inkas geraubt und nach Europa gebracht. Hildegard von Bingen schätzte den Smaragd sehr und setzte ihn gegen »alle Gebrechen des Menschen« ein.

Sternzeichen

Der Smaragd wird dem Stier und dem Krebs zugeordnet.

Chakra

Der Smaragd wird auf das Herzchakra aufgelegt.

Mineralogie

- *Farbe:* hell- bis dunkelgrün
- *Härte:* 7,5 bis 8
- *Formel:* $Al_2Be_3(Si_6O_{18}) + Cr$

Der Smaragd ist die wertvollste Form des Berylls. Er entsteht in der Tiefe durch hohen Druck und Hitze. Restlösungen und Schmelzgase, die reich an seltenen Elementen sind, dringen in magmatisches Gestein ein. An den Kontaktzonen entsteht dann durch Beimengungen von Chromtrioxid der Smaragd. Sehr früh begann man Imitate herzustellen, die unter dem Namen »Emerald« gehandelt werden. Smaragdminen liegen in Kolumbien, Indien, Südafrika und im Uralgebirge.

Steinpflege

Der Smaragd ist als Kristall erhältlich, seltener als Handschmeichler. Am häufigsten werden Smaragde zu Schmuck verarbeitet, wobei Gold die Energie des Steins verstärkt. Um diese Wirkung auch bei Ketten zu erzielen, sollten sie nicht geknotet sein. Man sollte den Smaragd einmal pro Monat unter fließendem Wasser entladen. Zum Aufladen legt man ihn über Nacht zusammen mit Bergkristall oder Rubin in eine Schale. Auch die Sonne schenkt ihm neue Kraft.

Der Smaragd lässt seinen Träger über sich selbst hinauswachsen. In der Antike versinnbildlichte er die göttliche Eingebung.

Heilende Wirkung

Auf den Körper

Smaragd stärkt die Sehkraft – man legt zu diesem Zweck kleine Steine auf die geschlossenen Augenlider. Die regelmäßige Einnahme von Smaragdwasser hat einen positiven Einfluss auf Knochen und Wirbelsäule. Der Smaragd hilft auch bei rheumatischen Erkrankungen, sogar dann, wenn einzelne Gliedmaßen durch Verkalkung und Verschlackung der Bindegewebe steif zu werden drohen. Er wird außerdem zur Vorbeugung und Behandlung von grippalen und fieberhaften Infekten eingesetzt, denn er stärkt das Immunsystem. Der Smaragd wirkt lindernd bei Erkrankungen, die mit einer Störung des Gleichgewichts einhergehen, z. B. bei Epilepsie, multipler Sklerose und Schwindel. Er löst Verkrampfungen und wird deshalb auch bei Kopfschmerzen und Herzrhythmusstörungen angewandt.

Auf die Seele

Der Smaragd verhilft zu Harmonie und seelischem Gleichgewicht. In Partnerschaften fördert er die gegenseitige Rücksichtnahme. Er unterstützt das geistige Wachstum und macht seinen Träger weit- und hellsichtig. Weil er die Lebensfreude stärkt, sind Schicksalsschläge mit ihm besser zu bewältigen. Er bringt Erholung und Regeneration. Der Smaragd hält körperlich und geistig jung und verbessert auch die Beziehungen zwischen Kindern und Eltern. Der Smaragd gilt als Glücksstein auf Reisen.

Sodalith

Mythologie

Der Sodalith ist nicht nur farblich mit dem Lapislazuli verwandt, sondern auch mineralogisch. Er ist quasi sein schlichterer Bruder, da seine Einschlüsse nicht golden, sondern weiß sind. Sein Name setzt sich aus dem griechischen »soda«, Salz, und »lithos«, Stein, zusammen. Er deutet auf den hohen Salzgehalt dieses Steins hin. Im Altertum galt er als Stein der Künstler. Er wurde Sängern, Bildhauern, Malern und Dichtern als ständiger Begleiter empfohlen. Diese Tradition hielt sich bis ins Mittelalter. In den darauffolgenden Jahrhunderten geriet der Sodalith als Heil- und Schutzstein ein wenig in Vergessenheit. Erst im 19. Jahrhundert wurde er für die Naturmedizin und die Schmuckherstellung wieder entdeckt.

Sternzeichen

Der Sodalith hilft dem Schützen, in höhere geistige Ebenen vorzudringen.

Chakra

Der Sodalith wirkt am intensivsten über das Stirnchakra.

Mineralogie

- *Farbe:* dunkelblau mit weißen Einschlüssen; undurchsichtig
- *Härte:* 5,5 bis 6
- *Formel:* $Na_8Cl_2(Al\,Si\,O_4)_6$

Der Sodalith zählt zu einer Reihe von kubisch auskristallisierenden Mineralien, die unter der Bezeichnung »Sodalithgruppe« zusammengefasst werden. Er gehört zur Familie der Feldspate und entsteht in kieselsäurearmen Pegmatiten oder Vulkaniten. Marmorartige Einschlüsse von weiß auskristallisiertem Kalzium durchziehen das blaue Mineral, das eine Natrium-Kalzium-Verbindung ist. Die wichtigsten Lagerstätten für Sodalith liegen in Brasilien, China und Südwestafrika.

Steinpflege

Den Sodalith erhält man als Rohstein und zu verschiedenen Formen geschliffen: als Trommelstein, Kugel, Pyramide, Obelisk und Ei. Außerdem wird er zu vielfältigen Schmucksteinen verarbeitet. Man sollte ihn am besten direkt auf der Haut tragen und einmal pro Woche unter fließendem Wasser oder in einer Hämatitschale entladen. Zum Aufladen legt man ihn nicht an die Sonne, sondern in eine Schale mit Wasser und Bergkristall.

In der Antike war der Sodalith ein Schutzstein der Künstler. Er steht für das Vertrauen in die eigenen Fähigkeiten.

Heilende Wirkung

Auf den Körper

Im Sodalith sind viele Mineralien und Spurenelemente eingeschlossen, die unser Körper dringend benötigt: Natriumkarbonat, Zink, Mangan und Kalzium. Diese wirken besonders über die Drüsen auf unseren Organismus. Die Schilddrüse produziert Hormone, die für das Wachstum und den Stoffwechsel wichtig sind. Der Sodalith regt die Bauchspeicheldrüse dazu an, genügend Insulin zu produzieren. Diabetikern wird deshalb empfohlen, regelmäßig morgens ein Glas Sodalithwasser auf nüchternen Magen zu trinken. Der Stein hat auch blutdrucksenkende Eigenschaften, wodurch das Herz geschont wird. Durch die Drüsen wird das Hormonsystem des Körpers gesteuert. Der Einfluss des Sodaliths zeigt sich auch in einer Aktivierung des Lymphflusses, was wiederum eine Stärkung des Immunsystems zur Folge hat.

Auf die Seele

Der Sodalith ist ein starker Stein zur Klärung und Bestimmung der eigenen Identität. Hat man erkannt, welche Verhaltensmuster man gern ablegen möchte, so hilft hier der Sodalith bei der Verwirklichung. Er ermöglicht es, Schuldgefühle zu überwinden und innere Ordnung zu schaffen. Der Sodalith ist aber auch ein Stein, der Idealismus und das Streben nach Wahrheit und Freiheit fördert. Für Menschen, die sich gern an feste Regeln halten, ist er weniger geeignet.

Speckstein

Mythologie

Die ältesten Specksteinfiguren früherer Kulturen reichen bis ins Jahr 4000 v. Chr. zurück. In China und Indien wurde diese Kunst schon damals zu vollendeter Meisterschaft geführt. Die Mineralogen bezeichnen den Stein mit dem Namen »Steatit«, manchen ist er auch als Seifenstein bekannt. Die Indianer Nordamerikas verarbeiteten ihn zu verschiedenen Zier- und Gebrauchsgegenständen. Die bräunlich rötliche Variante des Specksteins erhielt die Bezeichnung »Pipe-Stone« (Pfeifenstein), weil die Indianer sie zur Herstellung von Friedenspfeifen verwendeten. Schon seit frühester Zeit hat man Speckstein zermahlen und als Zutat für heilende Pasten und Salben verwendet.

Sternzeichen

Der Speckstein wird keinem Sternzeichen zugeordnet.

Chakra

Eine Chakrenzuordnung ist nicht bekannt, man sollte den Speckstein je nach Beschwerde örtlich einsetzen.

Mineralogie

- *Farbe:* weiß, gelb, rot, grün, grau; undurchsichtig
- *Härte:* 1
- *Formel:* $Mg_3[(OH)_2Si_4O_{10}]$

Der Speckstein ist eine besonders weiche Magnesium-Silizium-Verbindung, die mit dem bloßen Fingernagel geritzt werden kann. Das Mineral fühlt sich leicht fettig an (daher der Name) und lässt sich sehr fein pulverisieren. In Pulverform heißt es Talk oder Talkumpuder und ist ein wichtiger Rohstoff in der Arzneimittel- und Kosmetikindustrie. Speckstein wird auf der ganzen Welt in ausreichenden Mengen gefunden.

Steinpflege

Speckstein wird nicht zu Schmuck verarbeitet, da er zu weich ist. Man erhält ihn als Rohstein oder Handschmeichler und zu Schnitzereien verarbeitet. Speckstein sollte einmal pro Monat unter fließend lauwarmem Wasser gereinigt werden. Specksteinpulver kann man mit einer Küchenreibe einfach selbst herstellen. Man bereitet damit Heilsteinwasser zu oder gibt es ins Badewasser. Bei nachlassender Wirkung gräbt man den Stein für einige Tage in die Erde ein, damit er sich regenerieren kann.

Der weiche Speckstein steht für den behutsamen Umgang mit sich selbst und anderen Menschen.

Heilende Wirkung

Auf den Körper

In seiner Energieausstrahlung wirkt der Speckstein eher sanft und eignet sich somit auch zur Anwendung bei Kindern und Jugendlichen. Speckstein ist in erster Linie ein Stein für die Haut. Er verbessert ihr Erscheinungsbild, indem er das Bindegewebe und die Muskulatur kräftigt. Die Haut wird so widerstandsfähiger gegen Ekzeme, allergische Ausschläge und Reizungen. Wenn die Haut irritiert und gerötet ist, kann mit dem Auflegen von Speckstein rasche Abhilfe geschaffen werden. Speckstein bewahrt der Haut ihre Feuchtigkeit und Geschmeidigkeit und schützt sie vor vorzeitigen Alterserscheinungen. Er eignet sich deshalb als Zusatz zu Antifaltencremes. Bei Sonnenbrand oder Sonnenallergien empfiehlt es sich, Specksteinpulver auf die Haut aufzutragen. Specksteinpuder hilft auch gegen feuchte Hände, Schweißfüße und starkes Schwitzen.

Auf die Seele

Speckstein hat auch auf die Seele einen klärenden Einfluss und wirkt als sanfter Schutzmantel gegen die Außenwelt. Speckstein fördert die innere Harmonie, ohne dass er seinen Träger von der Umwelt abschottet. Bei Kindern und Jugendlichen dient er vor allem der Persönlichkeitsentfaltung. Das gilt nicht nur für seine Verwendung als Heilstein: Beim Bearbeiten des Specksteins können Kinder auf einfache Weise ihrer Phantasie freien Lauf lassen.

Steinsalz (Halit)

Mythologie

Der mineralogische Name »Halit« leitet sich vom griechichen Wort »hals« für Salz ab. Auf den gleichen Wortstamm geht auch die Bezeichnung »Haline« für Salzbergwerke zurück. Viele Städtegründungen sind große Lagerstätten von Steinsalz zu verdanken. Sie tragen diese Tatsache entweder im vorderen Teil des Namens wie Salzburg, oder im hinteren wie Reichenhall. In prähistorischer Zeit spielte Salz eine außergewöhnlich wichtige Rolle, und in vielen Kulturen galt es sogar als heilig. Salz ist für Mensch und Tier lebensnotwendig, und solange sein Abbau mühsam war, hatte es zuweilen einen höheren Wert als Gold. Seinetwegen wurden Kriege geführt, und Städte, die Zentren des Salzhandels waren, gelangten zu außergewöhnlichem Reichtum und Ruhm.

Sternzeichen

Steinsalz wird keinem besonderen Sternzeichen zugeordnet.

Chakra

Steinsalz kann auf jedes Chakra aufgelegt werden.

Mineralogie

- *Farbe:* meist weiß; durchscheinend bis durchsichtig
- *Härte:* 2
- *Formel:* NaCl

Steinsalz ist eine Natrium-Chlorid-Verbindung und kommt in nahezu allen geologischen Formationen in großen Lagerstätten vor. Es entsteht häufig im Wechsel mit Anhydrit und Gips als ein Sediment in so genannten Salzseen, die sich meist im Felsgestein unter der Erde befinden. Der Halit ist vorwiegend weiß bzw. farblos, kann aber durch Beimengungen anderer Elemente auch andersfarbige, meist kubische Kristalle ausbilden.

Steinpflege

Reines Steinsalz verfügt über große Energie. Wenn Sie größere Kristalle erwerben, achten Sie auf die würfelige Struktur, damit Sie auch wirklich einen unverfälschten Stein erwerben. Die Kristalle werden am besten als Badezusatz oder zur Herstellung eines Elixiers verwendet. Rosa Salz wirkt vor allem auf Haut, Haare und Nägel; blaues wird zur Stärkung der inneren Organe empfohlen. Vor dem Gebrauch sollte man Steinsalz kurz mit Wasser abspülen, danach trocken aufbewahren.

Steinsalz spielte in der Geschichte der Menschheit eine wichtige Rolle. Es stand für Macht und Reichtum.

Heilende Wirkung

Auf den Körper

Salz ist für das Funktionieren des Organismus unerlässlich. Es hält den Stoffwechsel in Gang und stabilisiert ihn. Es reguliert den Blutdruck und sorgt für einen ausgeglichenen Flüssigkeitshaushalt. Deshalb Vorsicht bei natriumarmen Diäten! Eine Unterversorgung mit Salz kann zu einem Kreislaufkollaps führen. Der Körper benötigt Salz auch für die Muskulatur und für das Nervensystem. Überreichlicher Salzkonsum ist jedoch sehr schädlich. Herz und Nerven leiden darunter, und es kommt zu Erkrankungen der Gefäße. Man sollte dabei bedenken, dass man bei den heutigen Ernährungsgewohnheiten die Salzdosierung nicht mehr selbst unter Kontrolle hat. Fertiggerichte für zu Hause und in den Kantinen, Snacks für zwischendurch – sie alle sind meist reichlich gesalzen. Überlegen Sie, ob Sie nicht auf das eine oder andere Fertigprodukt verzichten können. Bereiten Sie stattdessen öfter selbst eine Mahlzeit zu, und würzen Sie sie sparsam mit hochwertigem Stein- oder Meersalz. Ein Glas Steinsalzwasser, morgens auf nüchternen Magen getrunken, ist eine Wohltat für den ganzen Organismus. Körperbäder mit Zusatz von Steinsalz sind Balsam für die Haut. Frisches Narbengewebe wird in seiner Bildung positiv beeinflusst; ein solches Bad lässt insgesamt die Haut jünger und frischer aussehen. Über den Organismus stärkt Steinsalz auch Geist und Seele.

Tigerauge

Mythologie

Nach dem Schleifen sorgen die Limonitfasern des Steins für ein Irisieren, wie es für Tieraugen typisch ist. Mit dem scharfen und durchdringenden Blick des Tigers ist auch der Mythos um diesen Stein verknüpft. Von alters her glaubte man, dass das Tigerauge die Sehkraft seines Trägers stärke und ihn dazu befähige, wahre von falschen Freunden zu unterscheiden. Der Stein wurde vor allem denjenigen mitgegeben, die sich einer besonderen Gefahr aussetzten, also Kriegern und Reisenden. Die Kreuzritter und frühen Entdecker sollen stets ein Tigerauge bei sich getragen haben. Im Mittelalter schützte man sich durch das Tragen eines Tigerauges vor dem bösen Blick und vor Verhexungen.

Sternzeichen

Das Tigerauge verhilft Löwe und Zwilling zu mehr geistiger Flexibilität und zu einer besseren Wahrnehmung ihrer selbst.

Chakra

Auf dem Nabelchakra wirkt das Tigerauge am besten.

Mineralogie

- *Farbe:* goldfarben und braun gebändert; undurchsichtig
- *Härte:* 7
- *Formel:* SiO_2 + FeOOH

Das Tigerauge bildet sich durch die Verkieselung schwarz blauer Asbestfasern, die Krokydolith genannt werden. Dabei kommt es zu einem festen Einschluss der haarähnlichen Kristalle im Quarz. Aufgrund von Oxidation der ursprünglichen Krokydolithfasern entstehen die golden schimmernden Limonitfasern des Tigerauges. Große Lagestätten befinden sich in Südafrika, Australien und in den USA.

Steinpflege

Das Tigerauge wird als Heilstein in seiner Rohform verwendet. Es ist aber auch als Trommelstein, Handschmeichler, Kugel und Pyramide erhältlich. Als Schmuckstein wird es zu Ketten aufgezogen oder als einzelner Anhänger angeboten. Das Tigerauge sollte nach jedem Gebrauch unter fließendem Wasser entladen werden. Ketten sollte man nie länger als einige Tage tragen. Sie werden in einer Schale mit Hämatiten alle zwei Wochen über Nacht entladen und in wenigen Stunden an der Sonne aufgeladen.

Das Tigerauge steht für Weitblick und Wachsamkeit. Es vermittelt aber auch Geborgenheit und menschliche Wärme.

Heilende Wirkung

Auf den Körper

Das Tigerauge stärkt die Knochen und Gelenke. Es beugt Erkrankungen der Bronchien vor und beschleunigt ihren Heilungsprozess. Bei akuter Bronchitis empfiehlt es sich, den Stein über Nacht auf den Körper aufzukleben. Auch Asthmakranke sollten auf den Stein als täglichen Begleiter nicht verzichten. Er kann eine Übererregung der Nerven ebenso dämpfen wie eine Überfunktion der Nebennieren. Vom Kleinhirn gesteuerte motorische Störungen wie z. B. Epilepsie werden durch das Tigerauge positiv beeinflusst. Insgesamt ist es ein wichtiger Heilstein für den Kopf. Es wirkt auf migräneartige Kopfschmerzen, lindert Krampfanfälle und soll vor Geisteskrankheiten wie Schizophrenie, Bewusstseinsverlust, Verfolgungswahn und Paranoia schützen.

Auf die Seele

Das Tigerauge hilft, in schwierigen und undurchsichtigen Situationen den Durchblick zu behalten. Es stärkt die innere Ruhe und unterstützt seinen Träger dabei, die richtige Distanz zu den Dingen zu bewahren. Menschen, die sich schwer entscheiden können und lange zweifeln, ist das Tigerauge besonders zu empfehlen. Auch bei wichtigen Vertragsabschlüssen sollte man es bei sich tragen. Das Tigerauge vermittelt Wärme, Geborgenheit und Vertrauen in die Mitmenschen. Es lässt auch in schwierigen Situationen nicht verzweifeln.

Topas

Mythologie

Die Klarheit des Topas lässt das einfallende Licht besonders lebhaft spielen. Sein Name geht auf das Sanskrit-Wort »tapas« zurück, was Feuer bedeutet. Der lateinamerikanische Dichter Pablo Neruda verfasste ein langes Gedicht über den Edelstein. Er beschreibt darin das Feuer des Topas, das sich auf den Menschen überträgt, sobald er ihn berührt. In vielen alten Kulturen galt der Topas als Sinnbild für persönliche Stärke und Selbstverwirklichung. Herrscher schmückten sich immer gern mit Topasen. So ist auch die englische Königskrone mit einer Vielzahl von Edeltopasen besetzt. Für Hildegard von Bingen gehörte er zu den kraftvollsten Heilsteinen.

Sternzeichen

Der Goldtopas wird dem Zwilling und dem Löwen zugeordnet, der blaue Topas dem Schützen.

Chakra

Weißer Topas kann auf alle Chakren aufgelegt werden; der goldene Topas wirkt am besten über das Sakralchakra.

Mineralogie

- *Farbe:* weiß, hellgelb bis golden, auch blau und rosa; durchsichtig
- *Härte:* 8
- *Formel:* $Al_2(F_2|SiO_4) + OH$

Die Topase bilden eine eigene Gruppe von Mineralien. Sie bestehen aus einer Alumimium-Fluor-Silizium-Verbindung, die durch Metallbeimengungen unterschiedlich eingefärbt ist. Der Topas entsteht pneumatolytisch, d.h., die Gase einer Schmelze wirken auf das Nebengestein und auf die Schmelze selbst. Beim Topas wirken fluorhaltige Gase auf Feldspat. Chrom färbt den Topas gelb, Eisen blau und Mangan bräunlich. Der goldgelbe Topas Imperial erhält seine Farbe durch Phosphor. Fundorte liegen in Brasilien, den USA, Sri Lanka, Südwestafrika und im Uralgebirge.

Steinpflege

Topase gehören zu den wertvolleren Edelsteinen. Sie werden meist zu hochwertigem Schmuck verarbeitet, es sind aber auch Rohkristalle und Trommelsteine im Handel. Man sollte sie alle zwei Wochen in einer Schale mit Hämatittrommelsteinen entladen und über Nacht in einer Bergkristallgruppe wieder aufladen.

Der Goldtopas steht für Selbstbewusstsein und Machtwillen. Herrscher und Könige schmückten sich mit ihm.

Heilende Wirkung

Auf den Körper

Der Goldtopas wirkt anregend auf das Kreislaufsystem. Menschen mit Kreislaufschwäche und niedrigem Blutdruck führt er neue Energie zu. Der gesamte Organismus wird vitaler und aktiver. Darüber hinaus sorgt er für eine Stabilisierung des Nervensystems. Bei nervösen Erschöpfungszuständen, Schlaflosigkeit und allgemeiner Abgeschlagenheit kann er sehr hilfreich sein. Er stärkt den Herzmuskel, besonders wenn dieser durch Entzündungen oder Überbeanspruchung geschwächt ist. Der weiße oder silberne Topas wirkt vor allem auf das Lymphsystem. Er sorgt für eine ausgeglichene Flüssigkeitsbalance im Gewebe; Fettpolster und Wasseransammlungen haben so keine Chance. Er wird auch bei Entzündungen des Magens (Gastritis) und Übersäuerung eingesetzt. Silbertopas ist ein geeigneter Stein für die Wechseljahre. Er lindert die Folgen der hormonellen Umstellung wie Depressionen und Gewichtszunahme.

Auf die Seele

Der Edeltopas stärkt das Ich. Er hilft, sich der eigenen Fähigkeiten und Eigenschaften bewusst zu werden. Aus dieser Erkenntnis heraus kann man entschlossener handeln. Der Topas fördert die Selbstverwirklichung und die Gestaltung des Lebens nach eigenen Vorstellungen und Wünschen. Er löst Verkrampfungen, wirkt entspannend und hilft zudem bei Schlaflosigkeit.

Türkis

Mythologie

Der Türkis hat tatsächlich etwas mit der Türkei zu tun. Sein Name geht auf das französische Wort »(pierre) turquoise« zurück, was türkischer Stein bedeutet. Die ersten Türkise müssen also aus der Türkei stammen und nach Westeuropa importiert worden sein. Auch bei den Indianern hatte der Türkis große Bedeutung als Schutz- und Heilstein. Zusammen mit der roten Koralle wurde er zu kunstvollem Silberschmuck verarbeitet, der den Menschen vor Gefahren und bösen Kräften bewahren sollte. Durch seine Verfärbung sollte er vor nahendem Unheil und Schicksalsschlägen warnen. Auch in alten ägyptischen Gräbern fand man immer wieder schöne Exemplare des Edelsteins.

Sternzeichen

Der Türkis wird den Fischen zugeordnet. Er soll ihnen helfen, Himmlisches und Irdisches miteinander zu verbinden.

Chakra

Der Türkis wird auf das Halschakra aufgelegt.

Mineralogie

- *Farbe:* hellblau bis helles grünblau; undurchsichtig
- *Härte:* 5 bis 6
- *Formel:*

$CuAl_6 [(OH)_2 | PO_4]_4 \cdot 4 H_2O$

Der Türkis besteht aus feinsten Körnchen, von denen jedes für sich einen triklinen Kristall darstellt. Die ganze Masse füllt kleine Klüfte und Hohlräume in Gesteinen aus. Die traubenförmigen Aggregate können leicht brechen, weshalb man beim Abbau sehr vorsichtig vorgehen muss. Der Türkis wirkt wächsern, was durch den Schliff noch verstärkt wird. Seine Farbe erhält er durch Eisen und Kupfer. Fundorte liegen in Mexiko, Arizona (USA), Iran, Israel, Tibet und China.

Steinpflege

Der Türkis gehört zu den wertvolleren Edelsteinen. Es gibt ihn als Rohstein in knorriger Form, ansonsten wird er meist als Schmuckstein angeboten. Seine heilende Wirkung wird durch Silber verstärkt. Er sollte einmal im Monat in einer Schale mit Hämatittrommelsteinen entladen und anschließend über Nacht in Gruppe von Bergkristallen aufgeladen werden. In der Sonne werden Türkise schnell brüchig.

Der Türkis bewahrt seinen Träger vor Unheil und schenkt ihm in schwierigen Lebensphasen neue Kraft.

Heilende Wirkung

Auf den Körper

Der Türkis entfaltet seine Heilkraft vor allem bei Atemwegserkrankungen. Er hilft bei Halsschmerzen und Entzündungen des Rachenraums und der Lunge. Türkisschmuck sollte man deshalb möglichst nah am Hals tragen. Dort kann er auch gut auf die Schilddrüse Einfluss nehmen. Er steuert den Appetit und wird sowohl bei Magersucht als auch bei Fettsucht eingesetzt. Indem er das Blut mit ausreichend Sauerstoff versorgt, hält der Türkis auch die einzelnen Nerven und Muskelfasern funktionstüchtig. Er wird deshalb auf Bänderrisse oder verkrampfte Muskeln aufgelegt. Zusätzlich können die betreffenden Stellen mit Heilsteinwasser eingerieben werden. Mundspülungen mit Türkiswasser beugen Missbildungen der Zähne und des Kiefers vor. Sie heilen Karies, Parodontose und empfindliche Zahnhälse.

Auf die Seele

Der Türkis bringt innere Ruhe, ohne dass er die Tatkraft hemmt. Er schenkt neue Energie und macht aktiv. Er sorgt für einen Ausgleich extremer Stimmungsschwankungen und gibt passiven Menschen Antrieb, ihr Leben stärker selbst zu bestimmen. Er schützt vor Depressionen und stärkt das Selbstvertrauen. Der Türkis hilft, Entwicklungen im Leben zu akzeptieren, die man in dieser Form nicht herbeigewünscht hat. Er fördert Intuition und klares Erkennen.

Turmalin

Mythologie

Die ersten im 18. Jahrhundert nach Westeuropa gelangten Steine stammten aus Ceylon. Auf Singhalesisch wurde der Stein dort als turamali bezeichnet, und so kam es zu dem bei uns geläufigen Namen »Turmalin«. Die Steine können in allen Regenbogenfarben strahlen, und deshalb glaubte man in der Antike, der Stein leuchte aus sich selbst heraus. Er wurde aus diesem Grund schon bald als Schutz- und Heilstein verehrt, und man trug ihn als Amulett um den Hals. Sehr früh schon erkannte man, dass die Turmaline pyromagnetische Kristalle sind, die sich durch Reiben magnetisieren lassen.

Sternzeichen

Rote Turmaline werden dem Widder und dem Skorpion zugeordnet, grüne der Waage und schwarze dem Steinbock.

Chakra

Schwarze Turmaline legt man am besten auf das Wurzelchakra auf, blaue auf das Halschakra, die übrigen wirken am intensivsten auf dem Herzchakra.

Mineralogie

- *Farbe:* bunt; durchscheinend
- *Härte:* 7 bis 7,5
- *Formel:*

$(Na, Li, Ca)(Fe_2, Mg, Mn, Al)_3 Al_6[(OH)_4 | (BO)_3 | Si_6O_{18}]$

Turmaline enstehen in sauren Plutoniten als lang gestreckte, trigonale Kristalle. Sie können sich aber auch bilden, wenn borhaltige Gase aus dem Magma auf das Nebengestein einwirken. Turmaline verfügen über eine vertikale Streifung. Die Farbvarianten tragen eigene Namen: Achroit (weiß), Dravit (Brauntöne), Indigolith (Blautöne), Rubellit (rosa bis rot), Schörl (schwarz), Verdelith (grün). Fundorte liegen in Sri Lanka, Madagaskar, Angola, Südwestafrika, Afghanistan, Pakistan, Brasilien und den USA.

Steinpflege

Turmaline werden meist zu wertvollem Schmuck verarbeitet, man erhält aber auch Kristallstücke oder Scheiben zum Auflegen. Diese sollte man einmal im Monat unter fließendem Wasser entladen. Ketten legt man am besten über Nacht in eine Schale mit Hämatittrommelsteinen und Bergkristallen. Das Aufladen geschieht in der Sonne oder in einer Amethystdruse.

Der Turmalin kann alle Farben des Regenbogens annehmen. In der Antike wurde er als Glücksbringer um den Hals getragen.

Heilende Wirkung

Auf den Körper

Der blaue Turmalin (Indigolith) ist ein Stein für Erkrankungen der Lunge und der Atmungsorgane. Er hilft bei Asthma, Bronchitis und Erkältungskrankheiten. Rote Turmaline wirken vor allem auf das Herz und die Organe des Unterleibs. Sie aktivieren die Tätigkeit der Leber, die für die Reinigung des Bluts zuständig ist. Das Herz wird so mit frischem, nährstoffreichem Blut versorgt. Der Turmalin hilft auch bei Menstruationsbeschwerden und lindert bei Frauen in den Wechseljahren Depressionen. Der Verdelith oder grüne Turmalin beeinflusst vor allem die Funktion der Körperdrüsen und über diese die Hormonproduktion. Er stärkt das körpereigene Immunsystem und wird deshalb zur Vorbeugung und Behandlung von Infektionskrankheiten eingesetzt. Er löst Ablagerungen in den Gefäßen, die häufig die Ursache von Arteriosklerose und Arthritis sind.

Auf die Seele

Der regenbogenfarbene Elbait ist ein Stein, der die Kreativität anregt und depressiven Stimmungen entgegenwirkt. Der schwarze Schörl baut nervliche Anspannung und Stress ab und schützt vor negativen Energien. Der grüne Verdelith gibt Gelassenheit und aktiviert den Selbstschutz. Rote und rosafarbene Turmaline machen mitfühlend und selbstlos. Blaue Turmaline verleihen Selbstständigkeit und unterstützen die Selbstverwirklichung.

Zirkon (Hyazinth)

Mythologie

In früheren Zeiten war der Zirkon nur unter dem Namen »Hyazinth« bekannt. Heute wird nur noch die rotbraune Variante als Hyazinth bezeichnet. Mit der Farbe geronnenen Bluts ist auch der griechische Mythos um die Gestalt des Hyazinth verknüpft. Der Jüngling wurde beim Diskuswerfen versehentlich von Apollo erschlagen. Wie der römische Dichter Ovid in seinen »Metamorphosen« beschreibt, erwuchs an dieser Stelle eine Blume, die nach dem Toten Hyazinthe heißt. Der Stein wird in der Bibel als Grundstein des neuen Jerusalem genannt. In der Antike hielt man ihn für einen Bruder des Diamanten. Der Zirkon wird gern als Diamantimitat benutzt, da er nach dem Schliff ähnlich funkelt.

Sternzeichen

Der klare Zirkon wird dem Wassermann zugeordnet, der Hyazinth dem Skorpion.

Chakra

Der Zirkon wird auf das Wurzelchakra aufgelegt, wirkt aber auch auf dem Sakralchakra.

Mineralogie

- *Farbe:* klar, gelb, rot bis rotbraun und braun, blau; durchsichtig
- *Härte:* 6,5 bis 7,5
- *Formel:* $Zr(SiO_4)$

Der Zirkon entsteht in saurem Magma. Er ist eine Verbindung von Zirkonerde und Kieselsäure. Durch Einlagerungen von Hafnium, Thorium oder Uran weisen manche Zirkone eine leichte Radioaktivität auf. Es gibt kaum einen Edelstein, der so viele Farbvarianten bietet. Mit Bestrahlung kann man seine Farbe auch noch im Nachhinein beeinflussen. Er besitzt eine ähnlich hohe Lichtbrechung wie der Diamant. Die wichtigsten Fundorte liegen in Brasilien, den USA, Kanada, Australien, Indien, Thailand, Sri Lanka, Kambodscha und Norwegen.

Steinpflege

Zirkone sind auch als Rohsteine selten größer als Eicheln und eignen sich als Heilsteine gut zum Auflegen. Ansonsten werden sie meist im Facettenschliff zu Schmuck verarbeitet. Silber verstärkt ihre Heilkraft. Den Zirkon sollte man einmal im Monat unter fließendem Wasser entladen. Das Aufladen erfolgt über Nacht in einer Bergkristallgruppe.

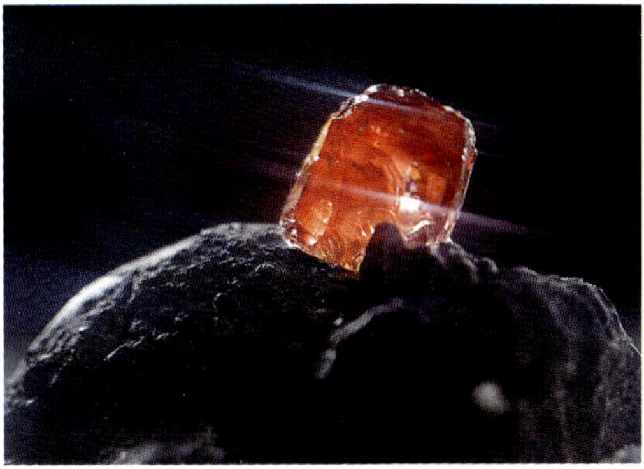

Der Zirkon gilt als kleiner Bruder des Diamanten, der für jeden erschwinglich ist. Er steht für die Überwindung von Verlusten.

Heilende Wirkung

Auf den Körper

Die besten Heilwirkungen erzielt man mit der rotbraunen Variante des Zirkons, dem Hyazinth. Im Bereich der Atemwege wirkt er entkrampfend. Er ist daher ein beruhigender Stein bei Asthma und Allergien. Auch nach Operationen ist er zu empfehlen, da er Embolien entgegenwirken kann. Er schützt vor allem vor Lungenembolien, die durch ein Blutgerinnsel in einem Lungengefäß entstehen. Er löst Verkrampfungen der Organe im Unterleib, ganz gleich, ob es sich dabei um einen Darmkatarrh, um eine Gastritis oder Menstruationsbeschwerden handelt. Die Gebärmutter- und Darmschleimhaut werden mit seiner Hilfe optimal regeneriert und entspannt. Der Zirkon regt den Stoffwechsel an und beugt Wasseransammlungen im Gewebe sowie dem dadurch bedingten hohen Blutdruck vor. Er senkt Fieber und lässt Entzündungen schneller abklingen.

Auf die Seele

Der Zirkon lässt schmerzliche Erfahrungen wie eine Trennung oder den Verlust eines Menschen besser überwinden. Er hilft, die Vergänglichkeit alles Seins zu akzeptieren. So fällt es leichter, sich auf die wichtigen Dinge im Leben zu konzentrieren. Zugleich eröffnet der durchsichtige Zirkon neue Ausblicke, u. a. in eine stärker geistig geprägte Welt. Materialistisch denkende Menschen sollten zum Ausgleich stets einen Zirkon bei sich tragen.

Zitrin

Mythologie

Die alten Griechen nannten dieses hellgelbe Mineral Zitronenstein. Aufgrund seiner sonnengelben Farbe war der Zitrin ein Symbol für die Leben spendende Kraft und galt als Schutzstein. Römische Legionäre sollen ihn als Amulett gegen den bösen Blick und neidvolle Ränkesucht getragen haben. Der Name »Zitrin« wurde bis ins 16. Jahrhundert für viele gelbe Steine benutzt, so z. B. für Bernstein, Beryll und Zirkon. Erst später wurde er allein dem gelben Quarzkristall zugeordnet. Zitrine wurden häufig als Topase ausgegeben. Diese Falschbenennung beruht auf einer weit zurückreichenden Verwechslung. In seiner »Edelsteinkunde« erwähnte schon Plinius, dass Menschen, die nichts von Edelsteinen verstehen, ihn gern für einen Topas halten.

Sternzeichen

Der Zitrin wird dem Zwilling und dem Steinbock zugeordnet.

Chakra

Am intensivsten wirkt der Zitrin über das Nabelchakra.

Mineralogie

- *Farbe:* hellgelb bis goldbraun; durchsichtig
- *Härte:* 7
- *Formel:* SiO_2 + Fe

Der Zitrin gehört zur Gruppe der Quarze. Er entsteht in Pegmatiten oder hydrothermal in Drusen. Kleinste Einlagerungen von Eisen verleihen ihm seine gelbe Farbe. Der Naturzitrin ist eher selten auf dem Markt zu finden. Meist handelt es sich um gebrannte Amethyste. Die Farbverteilung beim echten Zitrin ist jedoch gleichmäßiger und einheitlicher. Als Fundorte werden u. a. angegeben: Brasilien, Madagaskar, Spanien, Frankreich, Schottland, das Uralgebirge und die USA.

Steinpflege

Je reiner und naturbelassener ein Zitrin ist, desto wertvoller und heilkräftiger ist er. Man erhält ihn als Roh- und Trommelstein, als Pyramide und Obelisk sowie in vielfältiger Form zu Schmuck verarbeitet. Naturzitrin sollte nach jeder Anwendung unter fließendem Wasser entladen werden, die übrigen Zitrine einmal im Monat. Ketten legt man in eine Schale mit Hämatittrommelsteinen. Aufgeladen wird der Zitrin in einer Amethystdruse.

Der Zitrin ist ein Symbol der Sonne und der von ihr gespendeten Lebensenergie. Er steht für Individualismus und Selbstsicherheit.

Heilende Wirkung

Auf den Körper

Der Zitrin wirkt positiv auf die Verdauung ein. Er stärkt Magen, Darm, Milz und Bauchspeicheldrüse in ihren Funktionen. Er sorgt damit für eine bessere Entgiftung unseres Körpers und versorgt diesen schneller mit den lebensnotwendigen Energiebausteinen wie Traubenzucker und Mineralien. Hilfreich ist der Zitrin auch bei Diabetes. Indem er die Produktion von Insulin in der Bauchspeicheldrüse fördert, kann Traubenzucker besser von den Körperzellen aufgenommen werden. Eine Zitrinkette, direkt auf der Haut getragen, ist daher Zuckerkranken besonders zu empfehlen. Sie werden dadurch auch mehr Vitalität verspüren. Für Unterleibsbeschwerden und Entzündungen des Magens wird der Zitrin auch gern zusammen mit Bernstein eingesetzt. Der Zitrin wirkt günstig auf das vegetative Nervensystem und ist ein gutes Mittel gegen stressbedingte Unruhe und nervöse Körperzuckungen.

Auf die Seele

Der helle und durchsichtige Stein bringt Klärung auch für die Seele. Er vertreibt depressive Stimmungen und gibt stattdessen Lebensfreude und Vitalität. Zitrin fördert die Extrovertiertheit und den kreativen Selbstausdruck. Unschlüssigen und schwankenden Naturen hilft er, sich den Dingen zu stellen und Entscheidungen schneller herbeizuführen. Er regt auch die Unternehmungslust an.

Über die Autorin

Julia Labacher studierte Germanistik. Sie arbeitet heute als freie Autorin mit den Themenschwerpunkten Kulturgeschichte, traditionelle Heilweisen und deren Anwendung in der heutigen Zeit.

Hinweis

Das vorliegende Buch ist sorgfältig erarbeitet worden. Dennoch erfolgen alle Angaben ohne Gewähr. Weder Autorin noch Verlag können für eventuelle Nachteile oder Schäden, die aus den im Buch gemachten praktischen Hinweisen resultieren, eine Haftung übernehmen.

Bezugsquellen

Kristalldruse GmbH,
Oberanger 6, 80331 München

Duft und Schönheit,
Sendlinger Straße 46,
80331 München

Zarathustra Edelsteine,
Marienplatz, 80331 München

Bildnachweis

Alle Bilder stammen von Siegfried Sperl, München, mit Ausnahme von: AKG, Berlin: 9

Impressum

Der W. Ludwig Buchverlag ist ein Unternehmen der Ullstein Heyne List GmbH & Co. KG, München

Redaktion:
Bettina Stambader
Projektleitung:
Anja Feise
Bildredaktion:
Beate Wagner, Gabriele Feld
Produktion:
Manfred Metzger
Umschlag:
Manuela Hutschenreiter, München,
Till Eiden
Layout:
Klaus Lutsch
Satz/DTP:
Mihriye Yücel

Druck und Bindung:
Druckerei Uhl, Radolfzell

Gedruckt auf chlor- und säurefreiem Papier

ISBN 3-7787-5114-X